Religiões para a Paz

Religiões para a Paz

Um Apelo de Solidariedade às Religiões do Mundo

CARDEAL FRANCIS ARINZE

Tradução
EUCLIDES LUIZ CALLONI
CLEUSA MARGÔ WOSGRAU

EDITORA PENSAMENTO
São Paulo

Título do original: *Religions for Peace*.

Copyright © 2002 Cardeal Francis Arinze.

Publicado mediante acordo com a Doubleday, uma divisão da The Doubleday Broadway Publishing Group, uma divisão da Random House, Inc.

Todos os direitos reservados. Nenhuma parte deste livro pode ser reproduzida ou usada de qualquer forma ou por qualquer meio, eletrônico ou mecânico, inclusive fotocópias, gravações ou sistema de armazenamento em banco de dados, sem permissão por escrito, exceto nos casos de trechos curtos citados em resenhas críticas ou artigos de revistas.

O primeiro número à esquerda indica a edição, ou reedição, desta obra. A primeira dezena à direita indica o ano em que esta edição, ou reedição, foi publicada.

Edição	Ano
1-2-3-4-5-6-7-8-9-10-11	03-04-05-06-07-08-09-10-11

Direitos de tradução para o Brasil
adquiridos com exclusividade pela
EDITORA PENSAMENTO-CULTRIX LTDA.
Rua Dr. Mário Vicente, 368 — 04270-000 — São Paulo, SP
Fone: 6166-9000 — Fax: 6166-9008
E-mail: pensamento@cultrix.com.br
http://www.pensamento-cultrix.com.br
que se reserva a propriedade literária desta tradução.

Impresso em nossas oficinas gráficas.

Sumário

Prefácio 7
Apresentação do Cardeal Paul Poupard 9
Introdução 13
   UM — O que é a Paz 15
   DOIS — As Religiões Aclamam a Paz 25
   TRÊS — As Religiões São Causa de Guerra? 41
   QUATRO — Religiões e Culturas como Apoio ou
          Obstáculo à Paz 55
   CINCO — As Religiões Inspiram Atitudes de Paz 69
   SEIS — As Religiões Promovem Iniciativas
        Práticas de Paz 81
   SETE — As Religiões e a Oração pela Paz 99
   OITO — Algumas Iniciativas Inter-Religiosas
        para a Paz 111
   NOVE — A Igreja Católica e a Promoção da Paz 123
   DEZ — Necessidade da Liberdade Religiosa
       para a Paz 137
   ONZE — Promoção da Paz: Tarefa de Todos 157

Prefácio

As reflexões que seguem, *Religiões para a Paz,* foram escritas no início de 2001. Quando estavam para ser publicadas, um catastrófico e deplorável ataque abalou Nova York e Washington, D.C., no dia 11 de setembro de 2001. Todos estamos muito tristes. Rezamos. Lamentamos os milhares de mortos. Solidarizamo-nos com as inúmeras pessoas que ficaram feridas, enlutadas, que perderam seus empregos, que tiveram seus negócios arruinados ou que se desorientaram na vida. Também nós procuramos respostas.

Esse momento doloroso torna ainda mais urgentes as reflexões propostas neste pequeno livro. Nem todos concordam com os motivos dos autores dos atentados. Serão sentimentos de injustiça, opressão, repressão, exclusão, comportamento racista? Serão razões políticas, econômicas, culturais? Memórias históricas ainda acesas e latentes?

Seja qual for o motivo, uma coisa é evidente. Para enfrentar essa tragédia com uma atitude que respeite a disposição natural de Deus Criador e dignifique a humanidade são necessárias considerações religiosas salutares. Também nós, fiéis de todas as religiões do mundo, unidos, precisamos fazer tudo o que está ao nosso alcance para impedir que calamidades assim se repitam.

Algumas ponderações de caráter religioso podem orientar nossas reflexões e ações. Deus é o criador de toda a humanidade. A paz para todo o gênero humano consiste em seguir a Sua vontade, inserida na natureza humana guiada pela reta razão.

A vida humana é sagrada. Precisa ser protegida. Não temos o direito de matar a nós mesmos e nem pessoas inocentes. Conquanto a autodefesa seja um direito e se justifique, ela precisa ser mantida dentro de limites razoáveis.

A justiça, a paz e a tranqüilidade no mundo são construídas sobre os pilares do respeito pelos direitos fundamentais do outro, especialmente os direitos à vida, à liberdade religiosa e ao livre exercício dos direitos políticos, econômicos e culturais. O desenvolvimento econômico e político dos povos também é um caminho obrigatório para a paz. Se as pessoas são analfabetas, subdesenvolvidas, oprimidas e reprimidas, a justiça e a paz ficam muito mais difíceis.

A violência, o terrorismo, a supressão de vidas humanas e a destruição da propriedade são condenados por todas as religiões verdadeiras. Esses atos se opõem ao amor a Deus e ao próximo. Sejam quais forem os problemas e os desafios a serem enfrentados, esses meios violentos são condenáveis. Precisamos encontrar soluções que se harmonizem com o respeito a Deus e à humanidade, por mais difíceis e demoradas que possam ser.

Todas as religiões têm a obrigação moral de ajudar os seus seguidores a se comprometerem com reflexões dessa natureza. Que este livro, *Religiões para a Paz,* possa ser uma contribuição para essa ingente tarefa.

Cardeal Francis Arinze
28 de setembro de 2001

Apresentação

Poucos temas merecem maior atenção e ação por parte dos governos do mundo e das autoridades religiosas do que o tratado neste oportuno conjunto de ensaios intitulado *Religiões para a Paz,* agora entregue a um maior número de leitores. Para esta coleção, o cardeal Francis Arinze recorre à sua vasta e profunda experiência dialogal com homens e mulheres de várias religiões e crenças e de diferentes culturas. Este livro contém intuições preciosas que demonstram em termos claros e concisos que uma relação verdadeira com Deus só pode gerar amor e harmonia nas relações de cada um com os seus semelhantes e, na verdade, com toda a criação. Essa excelsa verdade está gravada não apenas em tábuas de pedra frias e mortas, mas no coração de cada ser humano.

O livro estuda sistematicamente as relações entre a religião e a paz. O cardeal Arinze escava no que eu chamo de *solo comum*, e o leitor sem preconceitos de qualquer convicção religiosa endossará prontamente as idéias expressas nestas páginas. Solidamente baseadas na tradição e no ensinamento católico, estas reflexões são expostas de maneira firme, clara, concreta e corajosa. Os capítulos estão perfeitamente interligados, um fluindo para o outro, o que torna as reflexões coesas e concisas.

Mas a paz não é somente um trabalho a ser feito. E também, como corretamente admite o autor, não pode ser alcançada apenas pelo esforço humano ou pelas religiões. Ela é essencialmente uma dádiva do alto; para recebê-la, é preciso rezar e ter a atitude correta. Mais do que um produto acabado, a paz é um processo em contínuo desenvolvimento. E como a sua construção não tem fim, ela é um desafio constante. É aqui que as culturas desempenham um papel crucial e cooperativo. Afinal, nenhuma religião existe no vazio, mas está sempre enraizada na cultura e no seu elemento transcendental. O diálogo entre religião e cultura e entre as próprias culturas pode favorecer esse processo e, destruindo as estruturas dos preconceitos, promover a paz, o entendimento e o amor. O edifício da paz, tão precioso e precário ao mesmo tempo, só pode ser construído sobre as bases sólidas de uma ética de solidariedade, de um sentimento de pertencer, de amor e respeito mútuos e da defesa dos direitos fundamentais do homem.

Fanáticos e fundamentalistas, sem dúvida, desonram o nome da religião. Os políticos, com seus interesses pessoais escusos, às vezes se aproveitam da religião para atiçar as chamas da intolerância e do ódio. Essa atitude perniciosa só pode exacerbar as coisas, provocando a escalada da violência. O cardeal Arinze propõe mudança de coração e de atitudes e um arrependimento sincero, e apela à boa vontade de todas as pessoas que, aceitando as próprias identidades e diversidades religiosas, e também assumindo responsabilidade pelos erros passados, precisam, com toda a humildade e honestidade, buscar a reconciliação e dar-se as mãos para construir pontes de amizade e companheirismo sobre águas turbulentas.

Os pensamentos contidos em *Religiões para a Paz* não são apenas conjecturas acadêmicas e obscuras de um espectador ocioso. São práticos, pastorais e pessoais, fluindo de alguém que, durante mais de uma década e meia como Presidente do Conselho Pontifício para o Diálogo Inter-religioso na Santa Sé, esteve ativamente envolvido nessa área. O cardeal Arinze fala com a sabedoria que nasce da experiência e propõe a tese de que o diálogo entre as religiões, como o diálogo entre culturas, não só pode, mas deve contribuir para uma cultura e civilização de paz. Quem pode negar o inevitável e indissolúvel vínculo entre religião e cultura? Enquanto a religião está no coração mesmo da cultura, esta é o útero em que aquela é concebida e vive. Há entre essas duas realidades uma simbiose saudável; quando se combinam e unem, elas reúnem uma força extraordinária em favor da paz.

Entretanto, enquanto os governos podem se esforçar para negociar e formular propostas de paz e as religiões se empenham em promover a paz, o verdadeiro arauto da paz, em última análise, é o homem como indivíduo. Não é um mero truísmo afirmar que a paz começa com você e comigo. Cada um de nós é um agente promotor ou um agente perturbador da paz. Sabemos muito bem que os conflitos interpessoais só terminam quando cessam os conflitos intrapessoais de pessoas perturbadas. Quem está em paz consigo mesmo aprende a viver em paz com os outros. Quem deseja a paz precisa aprender a amar, e quem ama gera paz. O que se diz sobre as pessoas na sua individualidade aplica-se, *mutatis mutandis*, à sociedade e às nações em geral.

Chegando com o alvorecer do novo milênio cristão, tão rico em promessas, é minha esperança e prece que este livro inspire o leitor de qualquer orientação religiosa e cultura com a convicção de que a paz não é somente uma utopia, mas uma possibilidade real, e que as religiões do mundo, apesar — e gosto de acrescentar — e *por causa* da diversidade das suas doutrinas e tradições, culturas e costumes, têm uma contribuição inestimável e indispensável a dar ao processo da paz. Considero realmente um privilégio pessoal e especial redigir estas linhas para apresentar *Religiões para a Paz* e gostaria de afirmar que os adeptos de qualquer religião ou fé que estejam honestamente comprometidos com a busca da paz encontrarão nestas páginas muita luz e incentivo.

Cardeal Paul Poupard
Presidente do Conselho
Pontifício para a Cultura

Introdução

A paz toca uma corda sensível no coração dos seguidores das religiões do mundo. Os cristãos têm o costume de trocar um sinal de paz. Os muçulmanos interpretam o nome da sua religião, o islamismo, como uma referência à paz, *salām*. Os judeus se cumprimentam dizendo *shalom*, "paz". Os budistas querem promover a paz. O mesmo desejo anima os *sikhs*. E também os adeptos das religiões tradicionais. Nos meus dezessete anos de compromisso com a promoção do diálogo inter-religioso, não conheci um único fiel de qualquer orientação religiosa que não estivesse convencido de que a sua religião propugna pela paz.

Apesar disso, porém, existe tensão. Existe violência. Atualmente a guerra faz parte da nossa vida diária. O que as religiões têm a dizer sobre essa triste realidade? E, mesmo assim, de que paz estamos falando? O que é a paz? Todas as religiões do mundo aclamam a paz. Por que, então, existem pessoas que acusam as religiões de serem causa de tensões e de guerras? Além disso, como a religião é uma dimensão importante da cultura, pensamos que as relações inter-religiosas e interculturais podem provocar mais conflitos do que harmonia?

Também é proveitoso perguntar o que as várias religiões podem realmente fazer para promover a paz, quer incutindo atitudes, quer assumindo iniciativas práticas. Que papel devem as religiões atribuir à oração pela paz?

Para mostrar que as considerações que precedem não são mera teoria, é útil relacionar algumas iniciativas inter-religiosas para a paz em âmbito internacional. Como sou católico, também menciono algumas coisas que a Igreja Católica fez e está fazendo para promover a paz. Sugiro que o leitor de orientação religiosa diferente da minha também registre as contribuições da sua comunidade religiosa para a paz.

Em todas estas reflexões, ficará claro que uma condição fundamental para a paz é o respeito ao direito de liberdade religiosa e que esse direito merece um tratamento preciso.

Concluímos dizendo que não é intenção deste livro sugerir que as religiões por si sós podem construir a paz. Outros promotores da paz também são necessários. À medida que a humanidade avança no Terceiro Milênio, ela aspira à paz e, de joelhos, implora a Deus essa dádiva perfeita.

UM

O que é a Paz

A Essência da Paz

Quando dizemos "paz", entendemos a tranqüilidade da ordem. Entendemos aquela situação de justiça e de relações sociais corretamente ordenadas que se caracteriza pelo respeito aos direitos dos outros, que propicia condições favoráveis para o crescimento humano integral e que possibilita aos cidadãos viverem a vida plenamente, em aperfeiçoamento sereno e prazeroso.

A paz a que nos referimos, portanto, comporta liberdade, verdade e estabilidade. Ela inclui o desenvolvimento integral da pessoa humana, da pessoa toda, e de todas as pessoas. Ela implica interdependência entre as pessoas, uma interdependência que não é apenas tolerada, mas sim livremente aceita e generosamente vivida. Em resumo, a paz verdadeira repousa sobre o amor mútuo e a benevolência entre as pessoas, e supõe uma sociedade serena em que essas pessoas vivam.

Paz, portanto, é um conceito muito positivo. Não é mera passividade. Pelo contrário, é um comprometimento ativo para estabelecer uma ordem que será fonte de tranqüilidade. Essa atitude é firmemente sustentada pelo reconhecimento de que todos os seres humanos pertencem a uma família, de que têm um Criador e uma origem comum, de que a natureza humana é a mesma em todas as pessoas, de que todos foram redimidos por Jesus Cristo e de que todos são chamados para o mesmo destino final.

Nessa família humana, a vontade de Deus Criador é que cada um respeite os direitos dos outros e se disponha a trabalhar com eles como companheiros peregrinos na jornada da vida. Mas esse respeito pelos direitos dos outros procede do espírito de justiça, e, portanto, a justiça é absolutamente necessária para uma paz verdadeira e duradoura. Essa justiça pode se manifestar, por exemplo, no respeito à vida desde o momento da concepção até o momento da morte natural, no respeito aos fracos e indefesos, no respeito pelo direito à liberdade religiosa para indivíduos e grupos e na eliminação da discriminação contra pessoas motivada pelo idioma, pela condição social, pela origem étnica, pela cor ou pelo sexo. Ela também se mostra através do respeito à igualdade dos cidadãos, especialmente enquanto exercida por administradores civis.

A Paz não é um Conceito Negativo

Paz, portanto, não é um conceito negativo. Não é a simples ausência de guerra. É muito mais que isso. Se um país investe pesado em suas forças armadas e em armamentos, acumula armas sofisticadas, entre as quais armas nucleares, e então anuncia a todos que está fazendo tudo isso para preservar a paz no mundo, o que temos diante de nós é realmente outra compreensão da paz. O que esse país quer de fato dizer é que está armazenando armas de destruição para desestimular ou mesmo derrotar ou prejudicar seriamente qualquer outro país tido como adversário, ameaça ou perigo. Isso equivale a dizer que, promovendo uma escalada de terror, ele tem por objetivo demover qualquer outro país da idéia de atacá-lo. Se o outro país tem uma atitude semelhante, temos um caso perfeito de equilíbrio do terror. Isso não é paz.

Os antigos romanos tinham um provérbio: "Se queres a paz, prepara a guerra." Esse pode parecer um dito sensato diante da tendência humana, aparentemente incurável, de recorrer às armas como uma das formas mais primitivas de tentar resolver um conflito. Mas aceitar essa tese como inevitável seria considerar a sociedade humana como uma selva terrível, povoada de animais selvagens, onde os mais fortes atacam e devoram os mais fracos. Mas uma reflexão mais ponderada sobre a elevação moral, religiosa e cultural que os seres humanos podem alcançar nos adverte que ainda é viável uma visão mais otimista da natureza humana.

Existe um outro estado de tensão, às vezes denominado "guerra de nervos". Ele não consiste necessariamente no uso iminente de armas, mas no medo constante de que isso possa acontecer, o que acaba afetando os nervos das partes envolvidas. Obviamente, a existência de uma guerra de nervos não é uma situação de paz. Mesmo a simples ausência desse estado de medo não seria suficiente para caracterizar uma situação de paz.

A paz é algo realmente positivo. Ela precisa incluir uma certa tranqüilidade da mente e do coração que garanta segurança. É a paz de que fala o profeta Isaías: "O fruto da justiça será a paz, e a obra da justiça consistirá na tranqüilidade e na segurança para sempre. O meu povo habitará em moradas de paz, em mansões seguras e em lugares tranqüilos" (Is 32: 17–18). Jesus Cristo promete essa paz para os seus seguidores como uma dádiva divina: "Deixo-vos a paz, a minha paz vos dou; não vo-la dou como o mundo a dá" (Jo 14: 27).

O Desejo do Coração Humano

Paz é o desejo do coração humano. A aspiração humana livre orienta-se para o respeito aos próprios direitos pessoais e aos direitos dos outros, e para o reconhecimento de que todo ser humano é um indivíduo único que jamais deve ser reduzido a um meio ou considerado como mero instrumento. Antes, deve ser respeitado e aceito como pessoa, como sujeito de direitos e deveres.

Todos os povos, línguas, culturas, religiões e grupos sociais compreendem a paz e têm uma palavra especial para ela. Eles reconhecem o significado de plenitude, saúde, segurança, estabilidade, bem-estar, justiça, ordem, calma e realização de desejos. Eles não querem perturbação, desordem, insegurança, instabilidade social, condições anormais, tensão, violência ou guerra. Além disso, não querem trabalhar sob pressão, injustiça ou violação de direitos, nem sofrer por subdesenvolvimento.

O espírito humano, ou o coração humano na linguagem popular, é de suma importância na nossa reflexão sobre a origem da paz, ou da falta dela. A guerra não consiste primordialmente em armamentos ou mísseis. Ela surge no coração humano. A consciência humana, as convicções, os sistemas de pensamento que a pessoa alimenta, e também as paixões que a influenciam, formam a sementeira da guerra ou da paz. É na consciência ou coração que somos sensíveis aos valores absolutos da bondade, da justiça, da retidão, da fraternidade e da paz. É também nas profundezas do coração que podemos rejeitar ou ignorar os apelos desses absolutos.

O VALOR DA PAZ

A paz é uma condição necessária para que as pessoas cresçam e alcancem o máximo do seu potencial. A paz não é um clima opcional para a vida e para o crescimento humanos — ela é uma necessidade. Como disse o papa João Paulo II, ela é "o objetivo precípuo de toda sociedade e da vida nacional e internacional" (*Mensagem para o Dia Mundial da Paz,* 2001, nº 18). "Nada se perde com a paz. Tudo se pode perder com a guerra", observou sabiamente Pio XII em sua mensagem radiofônica do dia 24 de agosto de 1939, uma semana antes da irrupção da Segunda Guerra Mundial (em *Discursos e Radiomensagens de S.S. Pio XII,* vol. I, p. 306).

Nos dias atuais, o mundo não pode ficar indiferente ao aumento alarmante da quantidade de armas e do seu poder devastador. O compromisso com a não-proliferação de armas nucleares às vezes é vacilante. Não apenas governos, mas também grupos paramilitares, organizações terroristas e mesmo indivíduos parecem por vezes deixar-se seduzir pela tentação à violência.

Muitos países em desenvolvimento estão desperdiçando seus escassos recursos em armamentos e poderosos exércitos que chamam de sistema de defesa. Assim, o verdadeiro desenvolvimento desses países é refreado, quando não indefinidamente adiado. A coesão e a harmonia nacional e social são ameaçadas por tensões inter-raciais e guerras civis. Há histórias e rumores de rebeliões planejadas ou realmente deflagradas. Famílias se dispersam e seus membros são separados. Habitantes, tanto das cidades como das vilas e aldeias, são forçados a se transformar em refugiados. Há crianças que não viram um único dia de paz ou de sossego para estudar. Diante de ameaças assim, quem não aprecia o valor da paz e a necessidade de promovê-la?

Paz, um Artigo Raro

Por mais que o coração humano deseje a paz, parece que ela é um artigo raro no mercado da história humana, especialmente na nossa época. O século XX foi chamado de "o século mais sangrento da história". Infelizmente, existem elementos que parecem justificar essa qualificação. Esse século conheceu duas terríveis guerras mundiais. É o século do Holocausto, da assim chamada limpeza étnica e de massacres tribais cruéis. A humanidade conheceu morticínios, injúrias, sofrimentos, dores e conflitos evitáveis. Calcula-se que, desde o fim da Segunda Guerra Mundial, a humanidade não teve cem dias de paz efetiva. Durante todo esse tempo, em alguma parte do mundo, sempre houve alguma guerra em curso, seja um choque entre nações, uma guerra civil ou um grupo guerrilheiro atuante. Ou há conflitos raciais, enfrentamentos violentos, atos terroristas, assassinatos, massacres ou chacinas em alguma região do globo. Dificilmente um dia termina sem que alguém provoque derramamento de sangue no mundo. As primeiras páginas da Bíblia, o Livro Sagrado de judeus e cristãos, contam a história de Caim, que, por inveja, matou seu irmão Abel (cf. Gn 4: 3–8). É lamentável que muitas pessoas sigam os passos de Caim.

Segundo uma estimativa, havia em 1993 sessenta guerras em andamento no mundo, algumas de fundo religioso. A maioria dessas guerras acontecia ao sul do equador, vinte e cinco na África, vinte e quatro na Ásia e cinco na América Latina (cf. *L'Actualité Religieuse dans le Monde*, 110, 15 de abril de 1993, p. 32). Pode-se compreender facilmente como essas guerras não apenas provocam violência e destruição, mas também retardam o desenvolvimento de povos e regiões inteiras. Entre 1950 e 1990, estima-se que quinze milhões de pessoas morreram em guerras ou como resultado de guerras (cf. *Aggiornamenti Sociali*, 2 [1999], p. 135). Não é sem razão que o século XX é chamado de um século de guerras, com poucos intervalos de paz e trégua.

À medida que a humanidade avança no terceiro milênio cristão, ela não pode ignorar as nuvens negras que obscurecem as suas luminosas esperanças nem as feridas abertas que ainda não foram curadas. Não somente há muitos conflitos execráveis grassando em muitas partes da Terra, mas também as sociedades estão achando cada vez mais difícil manter a solidariedade e a harmonia entre pessoas de diferentes condições religiosas, raciais, lingüísticas e culturais que, por várias razões, vivem e trabalham juntas atualmente. Embora seja mais pronunciada nas grandes cidades, essa pluralidade não está ausente em outros lugares. Em muitas partes da Europa e da América do Norte, por exemplo, a chegada de refugiados de áreas de conflito, como Somália, Bósnia, Sudão, Ruanda, Afeganistão e Kosovo na década passada, reduziu os recursos das sociedades hospedeiras e pode provocar tensões se os devidos cuidados não forem tomados.

Paz, uma Conquista Contínua

Vendo, portanto, como pode ser rara a paz verdadeira no seio da sociedade humana, segue-se que o esforço para a sua construção precisa ser mantido, enquanto se resiste ao desânimo e à fadiga. Apesar das elevadas aspirações de povos e religiões, não é fácil concretizar a paz. Para os seres humanos feridos pelo pecado original herdado de Adão e pelos próprios pecados, e conseqüentemente inclinados ao egoísmo e ao esquecimento dos direitos dos semelhantes, e nem sempre em condições de cumprir deveres claramente reconhecidos, a paz continua sendo uma conquista contínua a ser alcançada. E, para os cristãos, é uma dádiva a ser recebida de Deus quando, de joelhos, oramos.

Como se expressou Paulo VI: "A paz não pode se limitar a uma mera ausência de guerra, resultado de um sempre precário equilíbrio de forças. Não, a paz é algo que se constrói dia após dia, na busca de uma ordem desejada por Deus, que implica uma forma mais perfeita de justiça entre os homens" (*Populorum Progressio*, 76).

A promoção da paz precisa, portanto, estar no topo da agenda da humanidade em todos os tempos, e mais ainda hoje, quando a comunicação entre os povos chegou a um nível nunca antes alcançado. Não apenas os líderes religiosos e os homens públicos, mas também os acadêmicos, os profissionais e, na verdade, cada ser humano deve se empenhar pela promoção da paz. Como a religião é uma dimensão fundamental da vida humana, vamos examinar o que as várias religiões têm a dizer sobre este assunto.

DOIS

As Religiões Aclamam a Paz

Todas as religiões do mundo aclamam a paz. Não encontrei um único seguidor de qualquer religião que não se dissesse a favor da paz.

Religião: Dimensões Vertical e Horizontal

Sem dúvida, o objetivo essencial da religião não é a promoção da paz, mas a adoração a Deus. Em primeiro lugar, a religião diz respeito ao relacionamento da criatura com o Criador. Através da religião, compreendemos que Deus nos criou, que queremos viver de acordo com a Sua vontade e que procuramos contato com Ele. Por isso, a maioria das religiões comporta um corpo de crenças, um código de conduta e um ritual de orações.

Mas essa dimensão vertical de relação com Deus também implica a dimensão horizontal, referente ao modo como nos relacionamos com os nossos semelhantes. O cristianismo resume este segundo aspecto da religião afirmando que a pessoa que ama a Deus deve também amar o próximo (cf. 1 Jo 4:20). Um bom cristão é um bom cidadão. A construção do reino do céu não somente não desvia a atenção da construção da cidade terrena ou do reino deste mundo, mas decididamente a promove e exige (cf. Concílio Vaticano II: *Gaudium et Spes,* 42, 43).

Se a religião não se voltasse para as realidades da condição humana na Terra, se não tentasse enfrentar os desafios da alienação e da reconciliação, do ferimento e da cura, da guerra e da paz, ela estaria se declarando uma instituição à margem da vida. Ela estaria se recolhendo a uma posição secundária na sociedade. Talvez se apresentasse então como uma filosofia interessante, mas totalmente separada e indiferente às realidades da existência humana na Terra, às vezes admiráveis, às vezes deploráveis.

A verdade é outra. Ao longo de toda a história humana, as religiões sempre entenderam como seu dever envolver-se com situações e experiências humanas concretas. Elas estão convencidas de que a sua crença em Deus Criador, o Transcendente, o Caminho ou o Espírito Supremo, realmente as impele a contribuírem para a cura do mundo e, portanto, para a construção da paz.

Com unanimidade admirável, as religiões do mundo ensinam a Regra de Ouro: Ama o teu próximo como a ti mesmo. Essa é a pedra angular da paz.

O amor ao próximo, que o Cristianismo professa como a regra de ouro da conduta moral (Mt 7:12: "Tudo aquilo, portanto, que quereis que os homens vos façam, fazei-o vós a eles, pois esta é a Lei e os Profetas"), também faz parte do patrimônio doutrinário de outras grandes religiões do mundo. Transcrevo aqui as máximas de seis delas:

Hinduísmo: Este é o resumo do dever: Não faças a outros o que te faria sofrer se fosse feito a ti.

— MAHABHARATA 5.15.17

Budismo: Não prejudiques os outros de modos que considerarias como prejudiciais para ti.

— UDANAVARGA 5:18

Confucionismo: Essa é a máxima da benevolência (Jin): "Não faças aos outros o que não queres que façam a ti."

— ANALECTOS (RONGO) 15:23

Judaísmo: O que é abominável a ti, não o faças ao teu semelhante. Essa é toda a Lei; tudo o mais é comentário.

— TALMUDE, SHABBAT 312

Islamismo: "Ninguém é realmente um fiel até que ame o seu irmão como a si mesmo."

— AS QUARENTA E DUAS TRADIÇÕES DE AN-NAWAWI

Religião Africana Tradicional: O que deres (ou fizeres) aos outros, eles te darão (ou farão) em retribuição.

— PROVÉRBIO RUANDÊS

Se os seguidores das religiões do mundo vivessem sinceramente a Regra de Ouro, um dos principais fundamentos da paz estaria assentado.

AS RELIGIÕES FALAM EXPLICITAMENTE SOBRE A PAZ

As religiões que a humanidade conhece falam explicitamente sobre a paz. Elas a aclamam, a pregam e enfatizam a sua importância.

Como atualmente um terço da humanidade é cristã, vejamos primeiro o que o Cristianismo diz sobre a paz. Em seguida veremos a posição das outras grandes religiões sobre o assunto.

A PAZ NO CRISTIANISMO

A paz ocupa um lugar de honra na religião instituída por Jesus Cristo. Já no Sermão da Montanha, o "manifesto" do Reino de Deus que Jesus estava instaurando, Ele enaltece os promotores da paz: "Bem-aventurados os que promovem a paz, porque serão chamados filhos de Deus" (Mt 5:9). Quando enviou os discípulos a propagarem a Boa Nova, Jesus os instruiu a invocarem a paz sobre as pessoas: "Em qualquer casa em que entrardes, dizei primeiro: 'Paz a esta casa.' E se lá houver um filho da paz, a vossa paz irá repousar sobre ele; senão, voltará a vós" (Lc 10:5–6).

A paz que Jesus prometeu seria, em última análise, um presente de Deus: "Deixo-vos a paz, a minha paz vos dou; não vo-la dou como o mundo a dá" (Jo 14:27). Mais tarde, São Paulo escreveria sobre a paz de Deus, que excede toda compreensão (Fl 4:7), e dos "frutos do Espírito", do "que o Espírito gera", que incluem a paz, a paciência, a bondade e a longanimidade (Gl 5:22).

O próprio Jesus freqüentemente cumprimentava os seus discípulos com a saudação "A paz esteja convosco" (Jo 14:27;

16:33; 20:19,21,26; Lc 10:5) e os exortava a não terem medo (Mt 8:26; 28:5; Jo 6:20).

Enfim, Isaías havia profeticamente descrito o Salvador esperado como "Príncipe da Paz" (Is 9:6) e o salmista dissera que em Cristo abundariam a justiça e a paz (Sl 72:7).

Os Apóstolos, especialmente São Pedro e São Paulo, seguiram os ensinamentos de Jesus. Eles saudavam as pessoas com a paz (Fl 4:7; 2Ts 3:16; 1Pd 1:2; 5:4; 2Pd 1:2; 3Jo 15; Jd 1:2; Ap 1:4).

São Paulo escreveu aos romanos que eles deviam amar a todos, inclusive os inimigos. Deviam evitar querer vingar-se. "Se o teu inimigo tem fome, dá-lhe de comer; se tem sede, dá-lhe de beber. Agindo desta forma, estarás acumulando brasas sobre a cabeça dele. Não te deixes vencer pelo mal, mas vence o mal com o bem" (Rm 12:20–21). Nisso Paulo seguia o ensinamento inequívoco de Jesus: "Ouvistes que foi dito: olho por olho e dente por dente. Eu, porém, vos digo: não resistais ao homem mau; antes, àquele que te fere na face direita oferece-lhe também a esquerda; e àquele que quer pleitear contigo, para tomar-te a túnica, deixa-lhe também a veste; e se alguém te obrigar a andar uma milha, caminha com ele duas. Dá ao que te pede e não voltes as costas ao que te pede emprestado" (Mt 5:38–42). Esta doutrina não é fraqueza, mas força.

Podemos imaginar que profunda paz o mundo conheceria se todos acolhessem e vivessem de acordo com esta doutrina?

Por isso, a paz que o Cristianismo aclama requer amor a Deus e ao próximo e exige uma luta contínua contra o egoísmo. Ela também inclui disposição para carregar a própria cruz e seguir a Cristo. Com efeito, São Paulo diz que Cristo é a "nossa paz" (Ef 2:14) porque, por seu sofrimento e obediência, Ele venceu o poder de Satanás e da morte, restabeleceu a relação entre Deus e o homem e reconciliou judeus e gentios, e todos com Deus.

Na história da Igreja, Santo Agostinho de Hipona foi insuperável em seus ensinamentos sobre a paz. Ele diz que, como a paz do homem é uma obediência sistemática à eterna lei de Deus, assim a paz da cidade de Deus é "a união perfeita de corações, no gozo de Deus e de um com o outro em Deus" (*A Cidade de Deus*, 19.13).

A idéia da paz eleva-se excelsa na liturgia cristã. "A paz esteja convosco", "A paz do Senhor esteja sempre convosco" são saudações litúrgicas habituais no ritual latino. Na missa latina, logo antes da comunhão, é costume os presentes darem-se uns aos outros um sinal de paz.

É evidente, portanto, que o Cristianismo está profundamente comprometido com a paz. No final deste livro, incluo algumas iniciativas tomadas pela Igreja Católica para promover a paz.

A Paz no Judaísmo

O Judaísmo leva a *shalom* divina às pessoas que seguem o caminho de Deus. Essa palavra inspira amor, verdade e obediência aos mandamentos divinos. A paz é um presente de Deus ao Seu povo. Aarão foi instruído a abençoar o seu povo com esta oração: "O Senhor mostre para ti a sua face e te conceda a paz" (Nm 6:26).

A paz é uma marca do reino messiânico em que a justiça e a paz se abraçam (Sl 85:10). Todas as nações se dirigirão para a montanha do Senhor onde Ele lhes ensinará os seus caminhos. Não haverá guerras. Os povos "quebrarão as suas espadas, transformando-as em arados, e as suas lanças em foices. Uma nação não levantará a espada contra a outra, e nem se aprenderá mais a fazer guerra" (Is 2:4). O profeta Miquéias acrescenta com beleza: "Cada homem se sentará debaixo de sua vinha e debaixo da sua figueira, e ninguém o inquietará" (Mq 4:4). O povo bíblico de Israel deve esperar ansiosamente pelo reino do rei Davi ideal, o Príncipe da Paz, que estabelecerá um vasto domínio com uma paz que não terá fim (Is 9:6–7).

Para os judeus, *shalom* refere-se tanto a elementos materiais como espirituais. Deus fala de paz ao seu povo. Justiça e paz se abraçam. A terra produz os seus frutos. As pessoas devem evitar os males da ilusão e do desejo descontrolado. Os falsos profetas não devem enganar as pessoas dizendo "Paz, paz", quando não há paz (Jr 6:14). O verdadeiro conceito de *shalom* não somente exclui todo perigo externo (e isso já é muito, especialmente nos dias do profeta Jeremias), mas também inclui um estado ideal de felicidade, em que prosperam o indivíduo e a nação e reina a harmonia social.

O Talmude afirma: "Toda a Torá (i.e., todo o Judaísmo) converge para a paz" (*Tractate Gittin,* 59B).

O grande judeu espanhol, Moisés Maimônides (1135–1204), em seu *Código das Práticas Judaicas,* o *Yad Hahazakah,* na seção das Leis dos Reis, X, II, escreve: "Nossos sábios nos mandaram visitar os doentes, mesmo os dos pagãos, e enterrar os seus mortos com os mortos de Israel em benefício 'dos caminhos da paz', pois está dito, 'a sua misericórdia se estende a *todas* as suas criaturas' (Sl 145:9), e também, 'os caminhos da Torá são deliciosos e os seus trilhos são paz'" (Pr 3:17).

Sobre este e outros textos semelhantes de Maimônides, o rabino David Rosen comenta: "O respeito e a responsabilidade pelo outro são descritos na tradição judaica como 'os caminhos da paz'. Em outras palavras, se realmente nos preocupamos com a paz, teremos uma atitude de respeito e compaixão por todos os seres humanos, sem discriminação de raça ou credo" (David Rosen, *The Role of Religion in the Pursuit of Peace*, in *Religion and Violence, Religion and Peace*, org. por Joseph H. Ehrenkranz e D. Coppola, Fairfield, Connecticut, 2000, p.121).

No Dia Mundial de Oração pela Paz, celebrado em Assis no ano de 1986, o rabino Elio Toaff, presidente do Rabinato de Roma, iniciou a Oração dos Judeus com as seguintes palavras: "Nosso Deus que está no céu, Senhor da Paz, tenha compaixão e misericórdia de nós e dos povos da Terra que imploram a Sua misericórdia e compaixão pedindo paz, buscando a paz."

A Paz no Islamismo

No Islamismo, "paz", *salām*, é um dos Noventa e Nove Belos Nomes de Deus. Quando os muçulmanos se saúdam, tanto na oração como no dia-a-dia, eles oferecem ao próximo essa qualidade divina dizendo *Al-salām 'alaykum* (A paz esteja contigo).

Deus convoca o povo para a "Morada da Paz" (*dār al-salām*), tanto nesta vida como na próxima (Alcorão 10:26). Para os muçulmanos, o Alcorão desceu "na Noite do Poder", e "ela é Paz, até o romper da aurora" (Alcorão 97:5).

Os muçulmanos acreditam que a saudação de paz, *al-salām 'alaykum*, é o cumprimento com que são recebidos os bem-aventurados quando entram no paraíso. A saudação comum no mundo islâmico nunca é omitida por um devoto muçulmano depois da menção do nome de Maomé ou de um dos profetas mais antigos, como Noé, Abraão, Moisés e Jesus.

"Em nome de Deus, o Clemente, o Misericordioso": assim começa o Alcorão. O versículo se repete no início de cada uma das 114 *suratas* (capítulos), exceção feita à *surata* 9. Os muçulmanos geralmente começam uma oração ou uma preleção com essa invocação. Clemência, misericórdia e paz são conceitos freqüentes no Alcorão.

A expectativa é que a pessoa cumprimentada com a saudação da paz retribua também com votos de paz, de acordo com a orientação do Alcorão: "Quando fordes saudados cortesmente, respondei com cortesia maior ou, pelo menos, igual" (Alcorão 4:86). Assim, os muçulmanos respondem ao *al-salām 'alaykum* dizendo *wa-'alaykum al-salām wa-rahmat Allah wa-barakātuhu* (E para ti a paz e a misericórdia de Deus e suas bênçãos).

Segundo a tradição islâmica, quando um devoto se dirigiu a Maomé dizendo, "Ó Profeta, dá-me o conselho perfeito que me capacite a lidar com todas as questões da vida", ele recebeu esta resposta: "Não te irrites." Esse é um conselho excelente para construir a paz. Outra tradição registra Maomé dizendo: "Não desejes o confronto com o teu inimigo, mas pede sempre a paz de Deus."

O Alcorão diz que, se uma pessoa paga o mal com o bem, ela conquista o inimigo, que passa a ser amigo: "Jamais poderão equiparar-se a bondade e a maldade! Retribui o mal da melhor forma possível, e eis que aquele que nutria inimizade por ti converter-se-á em íntimo amigo" (Alcorão 41:34).

Popularmente, interpreta-se *jihād* como guerra santa. Mas os especialistas dizem que esse não é o sentido islâmico original do termo. Essa palavra geralmente significa esforço, empenho, luta. Denota ardor direcionado a um objetivo elevado. Em contextos religiosos, pode significar a luta contra as más inclinações que a pessoa tem ou os esforços para a elevação moral da sociedade ou para a expansão do Islamismo. Esta última tarefa pode ser pacífica (*jihād* da língua ou *jihād* da caneta) ou pode envolver o uso da força (*jihād* da espada), conforme menciona a *surata* 2:193: "E combatei-os até terminar a perseguição e prevalecer a religião de Deus. Porém, se desistirem, não haverá mais hostilidades, senão contra os iníquos." Os círculos islâmicos religiosos e místicos enfatizam a *jihād* espiritual e moral e a chamam de "grande *Jihād*" (cf. Rudolph Peters, *Jihād*, in M. Eliade, *The Encyclopedia of Religion*, 8, pp. 88-91).

O Alcorão diz que, no dia do julgamento, Deus dirá ao fiel: "E tu, ó alma em paz, retorna ao teu Senhor" (Alcorão 89:28). O Islamismo vê o paraíso como um abrigo divino de paz. Mas, para chegar lá, as pessoas devem obedecer a Deus enquanto estiverem na Terra. Diz um ditado islâmico: "Deus guiará os homens para a paz. Se forem atentos, Ele os conduzirá da escuridão da guerra para a luz da paz."

A Paz no Hinduísmo

O Hinduísmo dá um grande valor à paz. A palavra sânscrita geralmente usada para "paz" é *śāntih*. Muitos textos hindus começam com a sílaba sagrada *om,* seguida de uma tríplice repetição de *śāntih* para invocação e meditação. A paz invocada nos textos se refere à tranqüilidade, ao silêncio, à serenidade da mente, à ausência de paixão, à aversão ao sofrimento e à indiferença a objetos de prazer e de dor (cf. G. Parrinder, *Peace*, in M. Eliade, *The Encyclopedia of Religion*, II, p. 223).

Dois ditados hindus resumem a atitude do Hinduísmo com relação à paz: "Sem meditação, onde está a paz? Sem paz, onde está a felicidade?" "Para encontrar a felicidade e a segurança, deve-se procurar a paz."

A PAZ NO BUDISMO

O sofrimento é o ponto de partida e, na verdade, a base de todo o ensinamento budista. Pode-se realmente dizer que o Budismo é uma doutrina que prega a libertação da humanidade em relação ao sofrimento. Os ensinamentos de Buda estão resumidos nas Quatro Nobres Verdades, todas relacionadas com o sofrimento, especificamente a sua existência, a sua causa, a sua extinção, e como libertar-se dele e alcançar o *nirvana*.

A primeira verdade, a realidade do sofrimento, diz que tudo é sofrimento: o nascimento, a doença, a velhice, a união com uma pessoa que não se ama, a separação de uma pessoa que se ama, a frustração de não conseguir o que se quer; em resumo, os cinco elementos materiais e espirituais são sofrimento. Toda a felicidade ou alegria deste mundo, sempre caracterizada pela instabilidade e transitoriedade, já é sofrimento. Buda diz que durante a nossa existência derramamos mais lágrimas do que a água contida nos quatro oceanos (cf. *Samyuttanikâya* II, 180).

Buda diz que a causa do sofrimento é o apego. Este pode assumir a forma de forte desejo ou avidez por coisas, ou do prender-se egoisticamente a elas. Ele pode levar ao medo da perda. Essa é a segunda verdade sobre o sofrimento.

A terceira verdade sobre o sofrimento refere-se à sua extinção. A eliminação do apego-avidez, do ódio e do erro é o *nirvana*, o estado de santidade. *Nirvana* (saída, fuga) é a supressão do fogo do apego-avidez e das paixões. O ascetismo budista tem como objetivo alcançar o *nirvana* (extinção) do eu e a purificação do eu. O santo budista é aquele que realizou o esvaziamento e a negação do eu e das paixões.

O *nirvana* pode ser alcançado neste mundo destruindo o apego egoísta, que é a raiz de todo o sofrimento, mas é obtido definitivamente somente após a morte. Esse *nirvana,* devido à absoluta ausência de sofrimento, é chamado de Paz Inefável, Tranqüilidade Perfeita, Beatitude Suprema ou Felicidade Plena.

Na quarta verdade, Buda indica o caminho que conduz ao *nirvana*. O caminho óctuplo para a iluminação é este: percepção correta, pensamento correto, fala correta, ação correta, meio de vida correto, esforço correto, atenção correta e meditação correta.

No Budismo, portanto, a paz *(sāntih)* identifica-se com o *nirvana* e com o estado de santidade *(arhattva)* que se torna um estado de serenidade imperturbável *(upeksā)*. Nesse sentido, a paz é o ponto final do Budismo. De acordo com os ensinamentos de Buda, a paz é realizada negativamente pela prática da não-violência *(ahisā)* e positivamente pela perfeição da benevolência-compaixão *(maitrī-karunā)* para com todos os seres vivos.

Há um registro de que o famoso governante indiano, o imperador budista Asoka, no terceiro século a.C., depois da morte de milhares de pessoas na guerra por ele empreendida contra os kalingas, sentiu remorso, declarou o fim da guerra, buscou a reconciliação e fez votos de que todos os seres se conservassem saudáveis, com controle de si, serenos de mente e gentis. Ele proibiu desavenças e brigas e toda morte de animais tanto para alimento como para sacrifícios (cf. G. Parrinder, *op. cit.*, p. 223).

A Paz no Jainismo

Fundado no século VI a.C. por um contemporâneo de Buda na Índia, o Jainismo, como o Budismo, não professa a crença num Deus pessoal e na relação com ele através da oração; apesar disso, essas duas tradições não negam uma possível existência de Deus.

Para os jainistas, o objetivo principal da vida consiste em buscar a libertação e a purificação da alma através de rigorosa disciplina moral, como a não-violência com relação a tudo (portanto, dieta estritamente vegetariana) e disposição para aceitar a morte. O caminho para o *nirvana* (um estado passivo de beatitude) se faz através da fé correta, do conhecimento correto e da conduta correta. O meio para a fé, o conhecimento e a conduta corretos é a prática da austeridade, da mortificação e do ascetismo; por exemplo, praticando o perdão, a humildade, a simplicidade, a temperança, o jejum, o controle da mente, do corpo e da fala, a honestidade, a pureza interior e exterior, a castidade, o desapego a pessoas e posses (cf. Conselho Pontifício para o Diálogo Inter-Religioso, *Journeying Together*, Roma 1999, pp. 43-44).

O leitor pode ver que isso é verdadeiramente um receituário para a paz.

A Paz nas Religiões Tradicionais

Essas religiões são conhecidas na África como religião africana tradicional, na Ásia como religião tribal, na Austrália como religião aborígine e nos Estados Unidos como religião nativa americana. Como não há uma unidade estrita ou organizacional entre essas tradições religiosas, elas em geral se caracterizam pela crença em um Deus, em espíritos bons e maus e nos ancestrais, com o respectivo culto oferecido em graus variáveis para os três níveis de seres superiores.

Para as religiões tradicionais, Deus, o Grande Espírito, é o Criador do mundo; os espíritos menores e os ancestrais são os que cuidam do casamento, da família, das relações sociais, da observação dos costumes e da vida agrícola. Para viver em paz e tranqüilidade, as pessoas precisam seguir as leis dos poderes superiores em todas essas esferas da vida. Sacrifícios de expiação devem ser oferecidos pelas pessoas que cometem ações condenáveis ou violações graves de costumes. Se há tensão, distúrbio ou guerra, isso acontece porque algumas pessoas violaram as leis em vigor.

A oração da manhã, do pai para a família, do chefe ou rei para o seu povo ou clã durante uma celebração, ou do sacerdote no santuário de um espírito, sempre inclui um pedido de paz e tranqüilidade na família, na aldeia e na sociedade em geral.

A Paz nas Outras Religiões

Outras religiões também falam sobre a paz. Para concluir, mais algumas citações.

Sikhismo: "Impregnando a minha mente, o verdadeiro Nome satisfez todos os meus anseios e me concedeu a paz e a felicidade." "Somente no Nome do Senhor encontramos a nossa paz."

Zoroastrismo: "Todos os homens e mulheres devem se amar uns aos outros e viver em paz como irmãos e irmãs, unidos pela mão indestrutível da Humanidade." "Sacrificarei à paz, cujo alento é propício."

Taoísmo: "O bom governante busca a paz e não a guerra, e governa mais pela persuasão do que pela força."

Xintoísmo: "A Terra ficará livre dos problemas e nós viveremos em paz sob a proteção das forças divinas."

Bahaísmo: "Não existe hoje glória maior para o homem do que a do serviço pela causa da 'Suprema Paz'." "Guerra é morte, paz é vida."

Confucionismo: "Procura viver em harmonia com todos os teus vizinhos... Vive em paz com os teus irmãos."

Portanto, pode-se concluir que as várias religiões do mundo são todas a favor da paz. E a maioria das pessoas do mundo todo segue uma ou outra religião. Por que então há tanta tensão, violência e mesmo guerra no mundo? As religiões têm algo a ver com essa situação? Essa é a segunda pergunta que agora deve prender a nossa atenção.

TRÊS

As Religiões São Causa de Guerra?

Processo contra a Religião

Há quem sustente que, na busca da harmonia e da paz, as religiões do mundo talvez façam mais parte do problema do que da solução. Há inclusive quem diga que, ao longo da história, as religiões têm causado tensões, violências ou guerras, ou exacerbado essas situações. Para os que mantêm essas posições, a discussão sobre a colaboração inter-religiosa para a promoção da paz é apenas uma conversa cheia de boas intenções, mas irrealista, quando não pura perda de tempo. Por isso, elas sugerem que as religiões não devem participar de conversações pela construção da paz. Alguns argumentos que fundamentam essa postura estão a seguir.

Uma religião oferece uma cosmovisão a uma comunidade específica e, assim, segrega-a do resto da humanidade. Desse modo, ela é um terreno fértil para preconceitos, visões unilaterais, intolerâncias e antagonismos. Os que pensam assim chamam a atenção para a veemência com que algumas visões religiosas são defendidas, muitas vezes acompanhada pela determinação dos mais zelosos de morrer por suas crenças.

Eles alegam que diferenças religiosas freqüentemente foram, e continuam sendo, uma das principais causas de conflitos, e que muitos, em nome de uma religião ou outra, inúmeras vezes instigaram discórdias, desconfianças, tensões, conflitos, causando dores e sofrimentos umas às outras e ao mundo como um todo. E dão como exemplos as Cruzadas, empreendidas pelos cristãos na Idade Média, e as Guerras de Conquista ou "Guerras Santas", estimuladas por muçulmanos, inclusive nos nossos dias.

As atividades de extremistas religiosos, conhecidos como "fundamentalistas", são vistas como prova de que a promoção da paz não advém das religiões. Por mais bem-intencionados que sejam, esses extremistas não hesitam em recorrer à repressão, à chantagem, à tortura, ao seqüestro, à violência e até à morte de outros seres humanos — tudo em nome do que consideram como retorno ao estado original da sua religião específica. E quando tendências fundamentalistas são usadas para fomentar sentimentos nacionalistas, os resultados são ainda mais negativos.

Há outro argumento contra a participação das religiões em conversações que visam a harmonia e a paz. Foi constatado que em alguns casos de conflitos étnicos, raciais ou econômicos, a religião serviu como combustível para a intolerância e a discriminação. Às vezes, perspectivas religiosas distorcidas misturaram-se a ressentimentos étnicos e lembranças históricas ainda vivas para gerar ou promover tensões, violências e morticínios.

Por essas razões, dizem os céticos que as religiões do mundo têm um processo a responder e que não deveriam nomear-se como promotoras da paz.

A ESSÊNCIA DA VERDADEIRA RELIGIÃO

Demos a palavra aos defensores das religiões, examinando a essência de uma religião verdadeira. Uma religião verdadeira tem como função primeira o culto a Deus, o qual compreende ritos de adoração, louvor, ação de graças, amor e súplicas. Como já dissemos acima, o amor a Deus necessariamente inclui e é seguido de perto pelo amor ao próximo. "Se alguém disser, 'Amo a Deus', mas odeia o seu irmão, é um mentiroso", diz São João, "pois quem não ama seu irmão, a quem vê, a Deus, a quem não vê, não poderá amar" (1 Jo 4:20). O fomento do ódio, da violência e da guerra é o oposto do que é a verdadeira religião. Já vimos como a Regra de Ouro — Faze aos outros o que gostarias que fizessem a ti — é um dos componentes do patrimônio da maioria das religiões.

Conhece-se um praticante verdadeiro por seu amor ao próximo, pela presteza em admitir a culpa por erros cometidos e em pedir perdão, pela disposição para reconciliar-se e pela promoção positiva da solidariedade entre povos, culturas e religiões. É inquestionável a influência benéfica da religião sobre a vida social. Muitas sociedades, inclusive aquelas até agora acostumadas a uma separação bem clara entre questões de religião e de Estado, estão começando a valorizar cada vez mais a contribuição da religião em várias áreas da vida social: educação, saúde, prevenção ou solução de conflitos, recuperação e reconciliação social depois de conflitos, ações com refugiados, ajuda aos pobres para que possam melhorar o seu nível de vida, e projetos de desenvolvimento humanos em todas as áreas. Tudo isso contribui para a paz.

A RELIGIÃO CONDENA A VIOLÊNCIA

Cometer um ato de violência contra uma pessoa inocente é exatamente o oposto de amar essa pessoa. Nesse sentido, uma religião que prega a violência ou a guerra é uma farsa, uma negação da essência da religião. Falando aos delegados participantes da Conferência Mundial sobre a Religião e a Paz, o papa João Paulo II declarou: "A religião não é e não deve se tornar um pretexto para conflitos, particularmente quando as identidades religiosa, cultural e étnica coincidem. Infelizmente, mais de uma vez nestes tempos tenho motivos para afirmar que 'Não pode se considerar fiel ao grande e misericordioso Deus quem, em nome desse mesmo Deus, ousa matar o seu irmão' (Audiência Geral, 26/10/1994). Religião e Paz caminham juntas: empreender a guerra em nome da religião é uma contradição evidente e inequívoca. Espero que durante esta Conferência vocês possam encontrar meios para divulgar esta profunda convicção" (Alocução de 04/11/1994, nº 2, in *L'Osservatore Romano,* Edição Inglesa Semanal de 16/11/1994, p. 2).

Em sua mensagem à Cúpula Mundial do Milênio pela Paz, que reuniu líderes espirituais e religiosos no plenário das Nações Unidas em 29 de agosto de 2000, o Papa voltou ao mesmo tema. Ele disse aos mil representantes presentes que aquela conferência era "uma oportunidade excepcional para deixar perfeitamente claro que a única religião digna desse nome é a que orienta para a paz, e que a verdadeira religião é ridicularizada quando tem ligações com o conflito e a violência". Com efeito, em seu documento final intitulado "Compromisso com a Paz Global", essa assembléia condenou toda e qualquer violência cometida em nome da religião.

Outras assembléias procederam do mesmo modo. Anteriormente, a Declaração de Berna, da UNESCO, datada de 26 de novembro de 1992, havia afirmado que "um crime cometido em nome da religião é um crime contra a religião"; e a Declaração do Bósforo, de 9 de fevereiro de 1994, insistia: "Repudiamos o conceito de que, num conflito armado, seja possível justificar as próprias ações em nome de Deus."

Os Conflitos Podem Ter Múltiplas Causas

Quando tensões ou conflitos irrompem em regiões como no Sudão, em alguns Estados do norte da Nigéria, na Costa do Marfim, na Índia, na Indonésia, em partes do Oriente Médio, na Bósnia-Herzegovina e mesmo na Irlanda do Norte, alguns analistas simplificam demasiadamente a questão dizendo que a situação é provocada pela religião. Em geral, isso é verdade apenas em parte. Pode muito bem haver outras causas: rivalidades étnicas, tensões raciais, disputas territoriais e interesses econômicos. Fatores históricos também pesam, memórias ainda vivas de injustiças do passado, sejam elas reais ou apenas sentidas. Todos esses ressentimentos podem estar latentes sob a superfície.

Nem se deve esquecer que muitas vezes a religião é usada por políticos inescrupulosos para atender a seus interesses pessoais. Eles criam desavenças para obter vantagens políticas. Quando então a religião sofre esse tipo de abuso e exploração, as pessoas se afastam dela e a criticam. Mas isso serve apenas para esconder as reais motivações que explicam as explosões de violência, as medidas economicamente opressivas, os massacres, a assim chamada limpeza étnica ou outros atos de injustiça que a natureza humana decaída está propensa a perpetrar.

Segue-se que os fiéis não devem deixar-se levar por práticas de atos de violência de pessoas com interesses escusos. Se uma pessoa odeia outras e adota medidas violentas contra elas, sem dúvida ela não é um bom membro de uma religião verdadeira.

Ilustro com um exemplo. Alguns anos atrás, um amigo nos escreveu de uma cidade cujo nome prefiro omitir. O local fora palco de violências inter-religiosas. Ele informou que estava havendo uma campanha sistemática para disseminar o ódio entre as pessoas da outra religião. Salientou que os praticantes das duas comunidades religiosas viviam em paz e harmonia, mas que políticos e seus asseclas promoviam a violência. Esse é o tipo de abuso da religião que todos os líderes religiosos precisam fazer todo o possível para evitar.

Em geral, ações que levam a tensões, violências ou guerras podem ser atribuídas ao orgulho, à intolerância, ao egoísmo de pessoas ou de grupos, à cobiça, à inveja e ao desejo de vingança. São exatamente essas situações que a religião tem por função atender, cuidando para não se tornar vítima ou, pior ainda, instrumento delas. "Bem-aventurados os que promovem a paz, porque serão chamados filhos de Deus" (Mt 5:9).

A Necessidade de Conquistar a Alma

As explicações acima não solucionam inteiramente a polêmica questão da religião como causa da violência. Os adeptos das várias religiões provavelmente querem aprofundar o tema, consultar os registros históricos da religião que professam e examinar as suas próprias consciências.

É fato aceito que uma religião cria uma filosofia de vida comum entre os seus seguidores. Eles tendem a ver de modo semelhante os principais problemas que acompanham ou atormentam a existência humana sobre a Terra, como a existência de Deus e o relacionamento da pessoa com Ele, a causa e o sentido do sofrimento e da morte, a determinação do bem ou mal moral, assuntos relacionados com o casamento e a família, e a relação entre a esfera religiosa e a pública.

Como a religião une as pessoas numa comunidade de fé, ela também pode, sem querer e se não tomar os devidos cuidados, separar um grupo de outro. É mais provável que isso aconteça onde a adesão religiosa está ligada à raça, ao poder político, à classe social ou à riqueza material.

Além disso, a tensão pode surgir quando um grupo se sente ameaçado, mesmo quando esse grupo está errado. Até o grupo religioso mais esclarecido e defensor da paz pode inadvertidamente agravar a tensão, porque resiste ao que julga ser uma situação de injustiça. Se um grupo religioso se opõe ao *apartheid*, ao racismo, à negação de direitos civis para cidadãos excluídos, à escravidão, ao trabalho infantil, ao recrutamento de crianças para a guerra e a prostituição, especialmente de mulheres e crianças enganadas, é de se esperar que essa defesa da justiça e da honestidade de propósitos provavelmente desperte a hostilidade dos que se beneficiam com as referidas situações. Nesse sentido, não podemos culpar Nosso Senhor Jesus Cristo se as suas pregações provocavam a inveja e a hostilidade dos escribas e fariseus e de outros líderes judeus que se sentiam ameaçados por seu Evangelho de libertação, de amor a todos, de humildade, verdade e serviço.

As pessoas religiosas, entretanto, devem proceder com cautela e não se apressar em declarar a si mesmas inocentes, e às outras culpadas, por violências decorrentes dessas situações. O desejo dos promotores das Cruzadas, por exemplo, pode ter sido inocente e aceitável em termos religiosos: recuperar os Lugares Santos santificados pela vida, sofrimento e morte de Jesus Cristo. Mas isso não significa que todos os atos praticados pelos cruzados devem ser aprovados. Um muçulmano pode ser inocente no seu desejo de atrair outras pessoas para a sua religião. Mas é uma questão totalmente diferente a dos meios que ele usa para propagar essa convicção. A força, a violência, a destruição e a conquista não podem ser aprovadas.

Toda religião, especialmente as principais, deveria também empreender alguma forma de exame de consciência. Como ela agiu ao longo dos séculos? Como tratou os seguidores de outros credos religiosos, que são minoria em locais onde ela é maioria? Ela aceita o princípio de que nenhum ser humano deve ser coagido em assuntos religiosos, entre os quais se incluiria a possibilidade de mudar de orientação religiosa? Ela sempre condenou o uso da violência? Apoiou os direitos humanos? O que ela ensina sobre religião e vida pública, especialmente em vista da crescente pluralidade religiosa no mundo, e também dos avanços do secularismo, do materialismo, do hedonismo e do próprio ateísmo? Que contribuição ela dá para a paz local e mundial? Se membros dessa religião cometeram erros, no presente ou no passado, ela está preparada para aceitar esses fatos, arrepender-se, perdoar e prosseguir para a etapa seguinte?

Kofi Annan, Secretário-Geral da ONU, refletindo sobre a ação recíproca de forças, motivações e fraquezas humanas nesse complicado assunto, fez a seguinte declaração na Cúpula Mundial do Milênio pela Paz: "Freqüentemente, compara-se a religião com a luz. Mas todos sabemos que também a prática da religião pode ter o seu lado negro. Com demasiada freqüência, o extremismo religioso tem oprimido ou discriminado mulheres e minorias. Muitas vezes a religião aliou-se ao nacionalismo, alimentando as chamas do conflito violento e pondo grupo contra grupo. Os líderes religiosos nem sempre se manifestaram quando suas vozes poderiam ter ajudado a combater o ódio e a perseguição ou poderiam ter despertado as pessoas da indiferença em que vivem. Não é a religião em si que devemos responsabilizar: como tenho dito freqüentemente, em geral o problema não está na fé, mas nos fiéis."

A Responsabilidade dos Líderes Religiosos

As considerações precedentes mostram que o papel dos líderes religiosos é importante. Eles ajudam a formar, a motivar e a conscientizar os seus liderados sobre o que fazer, ou não fazer, para que cada religião promova sempre a paz e não a tensão, a violência ou a guerra.

~ Atualmente, a pluralidade religiosa é um fato evidente no mundo. Todos os fatores da vida moderna — comunicações, facilidade para viajar, economias interdependentes, organizações internacionais — indicam que o encontro de povos, culturas e religiões continuará em expansão. Muitos turcos muçulmanos vivem na Alemanha e na Holanda. Muitos filipinos cristãos vivem na Arábia Saudita e nos Emirados Árabes. Hindus se fixaram na Inglaterra. Budistas têm mosteiros na Suíça. Não há nenhuma região do globo atualmente que não se caracterize pelo pluralismo religioso.

⁓ A pluralidade religiosa é um fato que deve ser aceito, especialmente pelos líderes religiosos, que devem ajudar e orientar os seus seguidores a aceitar e conviver com essa realidade. Quando a interdependência não é apenas tolerada, mas aceita e vivida, ela se torna o grande valor moral da solidariedade.

⁓ Os líderes religiosos também precisam admitir que nem sempre viveram de acordo com os elevados ideais que pregam. O arrependimento, o perdão mútuo e a reconciliação são necessários em todos os lados.

⁓ Muitas religiões têm conflitos internos que prejudicam a sua unidade. Os líderes devem procurar soluções pacíficas para as questões que provocam divisões. A unidade interna ajudará a promover boas relações com outros crentes.

⁓ Os seguidores das várias religiões também precisam ser ajudados a identificar os diferentes elementos que podem contribuir para um conflito em particular: étnico, econômico, político, histórico e religioso. A Declaração de Barcelona, da UNESCO, de 18 de dezembro de 1994, fez esta cuidadosa distinção: "Ficaremos atentos para que as nossas religiões não se identifiquem com poderes políticos, econômicos ou sociais, mantendo-se assim livres para trabalhar pela justiça e pela paz. Não esqueceremos que regimes políticos confessionais prejudicam seriamente os valores religiosos e também a sociedade. Devemos distinguir fanatismo de zelo religioso" (em *Istanbul Symposium Working Document*, p. 141).

≈ Para a conquista da coesão social, é muito importante o tipo de liderança que as pessoas seguem em sua comunidade religiosa. Conquanto os líderes religiosos não possam ser considerados responsáveis por todas as ações praticadas pelos seus seguidores, é contudo verdade que a função orientadora dos líderes das várias religiões influencia a sociedade. A religião oferece motivações profundamente internalizadas que preparam as pessoas para o sacrifício, não excluindo o sacrifício da própria vida, enquanto poucas pessoas estariam dispostas a se sacrificar em nome da matemática ou da geografia. Por isso, as considerações acima, com relação à aceitação dos outros, ao respeito por suas consciências e à disposição para trabalhar com eles implicam obrigações por parte dos líderes religiosos de inspirar essas atitudes pela palavra e pelo exemplo.

≈ Adeptos das várias religiões compreendem que a religião que seguem deve revelar-se em ações de justiça, de respeito pelos direitos humanos, de desenvolvimento, de promoção humana e de paz. A religião se esfumaria em árida filosofia caso não se envolvesse vigorosamente com as situações concretas que as pessoas enfrentam no dia-a-dia de sua vida.

≈ Os líderes das diversas tradições religiosas têm o inalienável papel de estimular a cooperação inter-religiosa em atividades de promoção humana. Enquanto bastam poucas pessoas para causar tensão, confusão e destruição, é necessária a cooperação de todos para promover o desenvolvimento, a justiça e a paz duradouros. Existem problemas e desafios que não respeitam fronteiras religiosas: a corrupção na vida pública, a atitude errônea com relação ao trabalho ou ao bem do país, e a discriminação contra pessoas por preconceitos de cor, raça ou sexo. Existem questões de desenvolvimento que nenhuma comunidade religiosa pode resolver sem ajuda: a urbanização descontrolada, a lacuna cada vez maior entre ricos e pobres, a inflação descontrolada. Todos esses e semelhantes desafios são enfrentados mais adequadamente quando todos os fiéis, inspirando-se nos ideais mais elevados das suas respectivas religiões, trabalham juntos para encontrar as melhores soluções. O papel dos seus líderes para estimulá-los a essa cooperação é de suma importância.

No continente africano, muitos casos de tensão e violência civil são devidos à instabilidade política, à dificuldade de pôr em prática constituições democráticas, à atitude de políticos que não aceitam a derrota eleitoral ou ao puro desafio de construir um estado moderno a partir de muitos povos de diferentes etnias reunidos, porque as fronteiras foram fixadas arbitrariamente pelas forças colonizadoras. Em todas essas situações, líderes religiosos sensatos podem dar uma contribuição altamente positiva. Eles podem ajudar a promover a harmonia, a apoiar um processo de mudança social bem-intencionado e a estabelecer uma tradição de transferência política do poder pacífica e suave (cf. Declaração do Simpósio sobre o Papel dos Líderes Religiosos na Promoção da Paz e da Mudança Social na África, in *Weltkirche* 8/1993, pp. 231-235).

O Secretário-Geral das Nações Unidas incentivou os líderes religiosos em seu discurso já citado: "Sugiro humildemente que o encontro de hoje seja também uma oportunidade para que líderes religiosos, espirituais e políticos, bem como seus liderados, olhem para dentro de si e examinem o que podem fazer para promover a justiça, a igualdade, a reconciliação e a paz. Homens e mulheres de fé são uma forte influência sobre a conduta grupal e individual. Como mestres e guias, os senhores podem ser agentes poderosos de mudança. Podem inspirar as pessoas a novos níveis de comprometimento e de serviço público. Podem ajudar a transpor os abismos da ignorância, do medo e do desentendimento. Podem dar um exemplo de diálogo e de cooperação entre credos."

Portanto, é certo que as religiões podem ajudar a promover a paz. E devem. Uma exigência fundamental é que cada pessoa, e de modo especial os líderes religiosos, faça a sua parte.

Vendo, porém, que religião e cultura estão intimamente relacionadas, é útil examinar como religiões e culturas podem contribuir mais para a harmonia e a paz do que para a tensão e a guerra. Esse será o tópico do próximo capítulo.

QUATRO

Religiões e Culturas como Apoio ou Obstáculo à Paz

Próxima à reflexão feita no capítulo anterior está a que analisa até que ponto as diferenças culturais, quase sempre fortemente influenciadas por uma religião ou outra, promovem ou dificultam o processo de paz.

RELIGIÃO E CULTURA

Quando refletimos sobre a cultura de um povo, nossos pensamentos vão para o modo como esse povo desenvolveu e humanizou a sua maneira de viver, as suas expressões artísticas, a sua mentalidade e instituições, a sua literatura, ciência e tecnologia. A religião é uma dimensão importante da cultura de um povo. De certo modo, ela pode ser chamada de dimensão transcendental da cultura. Ela mostra como as pessoas se relacionam com Deus, o Ser Absoluto, o Grande Espírito ou simplesmente o divino. Essa relação então se refletirá no modo como elas vivem em sociedade. Onde uma religião agrega a maioria de uma população, ela geralmente influencia tanto a cultura que muitas vezes é difícil dizer onde termina a cultura e começa a religião. Por isso, para entender um povo é importante compreender a sua cultura e a sua religião.

O Encontro de Religiões e Culturas Hoje

Por muitas razões, o mapa mundial atual nos mostra pessoas de diferentes religiões, culturas e civilizações vivendo lado a lado. Algumas dessas razões são a migração acelerada, a relativa facilidade de locomoção, a globalização de interesses industriais e a necessidade de viajar por motivos educacionais, econômicos, culturais ou políticos.

Toda religião contribui com alguma coisa para a cultura do povo que a pratica. Às vezes, várias tradições religiosas coexistem dentro do mesmo contexto cultural. Outras vezes, uma grande religião encontra expressão numa cultura em particular. Assim, o Cristianismo, o Islamismo, o Hinduísmo e o Confucionismo sempre estiveram associados às principais civilizações. Mas o Budismo e as religiões tradicionais também deixaram a sua marca. Com efeito, é difícil encontrar uma religião que não tenha de algum modo influenciado a cultura.

Para ilustrar, consideremos a Europa e a contribuição do Cristianismo para a cultura européia.

Contribuições do Cristianismo para a Cultura Européia

Como sabemos, o Cristianismo começou na Palestina, na Ásia Oriental, que muitos chamam de Oriente Médio. Mas logo no início da sua expansão, o Cristianismo veio para a Europa (cf. Atos 16:10), encontrou a filosofia grega e a lei romana, e se aculturou.

Não se pode compreender adequadamente a cultura européia sem levar em consideração a contribuição do Cristianismo à Europa. Embora nem toda a população desse continente seja cristã, e nem todos os que se dizem cristãos vivam realmente de acordo com a fé professada, o Cristianismo proporcionou à Europa alguns dos seus valores culturais mais preciosos.

A fé em Deus como Criador e Providência influenciou a vida familiar e a linguagem e conferiu um sentimento de respeito a tudo o que é sagrado para Deus.

A crença cristã no Filho de Deus que assume uma natureza humana, sofre e morre por todo o gênero humano, é uma referência importante para o valor europeu do respeito à dignidade de cada ser humano. O fato de Cristo dizer-se nosso irmão e de instituir uma Igreja a que todos podem se filiar é um parâmetro cristão importante para que todos se tratem como irmãos e irmãs.

A arquitetura, a arte e a literatura na Europa não podem ser compreendidas sem referência ao Cristianismo, que as promoveu e lhes emprestou os seus símbolos. Mas a influência cristã não se limita à esfera da arte.

As idéias hoje aceitas como valores incontestáveis numa sociedade democrática — os preceitos da lei, a igualdade das pessoas perante a lei, os direitos das mulheres, os direitos das minorias e, em geral, os direitos humanos fundamentais — são todas frutos da árvore cristã plantada num passado distante. Elas podem ter recebido um impulso da Revolução Francesa, que em princípio se opunha à Igreja, mas as raízes cristãs são profundas.

Atualmente, a doutrina social da igreja expõe em linguagem inequívoca a visão cristã sobre temas tão importantes como a condição sagrada da vida, desde a concepção até a morte natural, o papel fundamental da família instituída através do matrimônio do homem com a mulher, os direitos de operários e de patrões, as responsabilidades dos ricos e o dever de solidariedade, e a autoridade civil entendida como serviço e não como dominação. Embora nem todos os europeus sejam cem por cento fiéis a esses valores, sem dúvida os últimos dois mil anos testemunharam a cultura européia promovendo-os e levando-os a sério. É bem verdade que alguns sinais de decadência já se fazem visíveis, mas a matriz cristã é indubitável.

Deve-se observar que os judeus já estavam na Europa antes da chegada do Cristianismo. Hoje esse continente acolhe não apenas cristãos e judeus, mas também muçulmanos, hinduístas, budistas, *sikhs*, bahaístas, jainistas e adeptos de outras crenças. Deve-se também levar em conta os que são religiosamente indiferentes ou mesmo descrentes. Outros aderem a novas crenças num esforço de expressar os seus sentimentos religiosos.

Outro fator é o que se relaciona com as diferenças raciais e culturais presentes na sociedade. Essas diferenças podem ser facilmente observadas apenas olhando para o rosto das pessoas ou prestando atenção ao modo como se vestem.

Agora surge a pergunta: Que contribuição as religiões e as culturas oferecem à paz em sociedades tão pluralistas, religiosa e culturalmente?

Desafios a Serem Enfrentados

O pluralismo cultural e religioso oferece desafios e oportunidades que precisam ser enfrentados quando se quer construir a paz. O diálogo entre culturas e tradições, diz o papa João Paulo II, "é o caminho obrigatório para a construção de um mundo reconciliado, um mundo capaz de olhar com serenidade para o seu próprio futuro" (*Mensagem para o Dia Mundial da Paz,* 2001, nº 3). Na verdade, a Organização das Nações Unidas declarou o ano de 2001 o "Ano Internacional do Diálogo entre Civilizações".

Uma pessoa encontra a necessária forma de auto-expressão e uma fórmula para crescimento inserindo-se adequadamente na sua própria cultura. A família, os grupos sociais, os padrões de pensamento, a linguagem, a escola, a religião e a vida social em geral — tudo isso ajuda a pessoa a se integrar numa cultura definida.

As pessoas devem aceitar o fato de que cada cultura, por ser uma realidade tipicamente humana e também historicamente condicionada, necessariamente terá pontos fortes e pontos fracos. Cada cultura precisa aceitar que tem limitações. A raça humana é maior, mais ampla e mais rica do que qualquer cultura particular.

Decorre daí que o intercâmbio entre culturas, o dar e o receber, o encontro saudável — em suma, o diálogo — é uma exigência intrínseca da natureza humana em si e também da cultura. As diferenças culturais podem tornar-se fonte de desentendimentos entre os homens e podem ocasionar ou provocar tensões e conflitos. Mas não precisa ser assim. Cabe às pessoas sensatas perceber que o encontro entre culturas e religiões mais favorece a harmonia do que promove a discórdia.

Isso é mais fácil de dizer do que de fazer. Oferecemos aqui algumas reflexões que podem ser úteis nessa difícil tarefa.

Valores que Encantam a Maioria das Religiões e das Culturas

Alguns valores humanos, espirituais e religiosos tocam uma corda sensível no coração da maioria das pessoas religiosas e fazem parte da maioria das culturas.

A necessidade de aceitar os semelhantes como irmãos e irmãs, em vez de tratá-los como inimigos ou ameaças na jornada da vida, é entendida muito além de qualquer fronteira religiosa ou cultural. Essa aceitação se revela numa atitude de respeito para com outras pessoas e suas diferenças, tanto religiosas como culturais. Ela é promovida por uma disposição para ouvir, receber, dar, compartilhar. As pessoas em geral compreendem o que significa uma atitude fechada de auto-suficiência em oposição à pronta aceitação de interdependência entre pessoas e entre povos. A solidariedade, o compartilhar e o desenvolvimento mútuo nesse peregrinar que é a vida é uma virtude moral apreciada por todas as pessoas e culturas normais.

O respeito social, cultural e religioso pelo casamento, pela família, pela criança e pela vida humana em suas várias etapas de desenvolvimento é um elemento saudável nas culturas e religiões que não tomaram o caminho da decadência.

A atitude religiosa representada pela disposição de reconhecer o erro onde ele ocorreu, de arrepender-se, de pedir perdão e de perdoar, e de buscar a reconciliação, é algo verdadeiramente precioso que toca o coração humano. Coisa semelhante poder-se-ia dizer sobre virtudes como honestidade no falar e no agir, gratidão aos benfeitores, hospitalidade aos forasteiros (muitos povos e culturas gostam muito de se referir à sua "tradicional hospitalidade") e amor desinteressado pelos pobres e necessitados.

As pessoas em geral, nas diversas religiões e culturas, podem não viver esses ideais em suas formas mais puras e elevadas. Mas pelo menos elas os admiram. E esse é um elemento importante da contribuição das religiões e das culturas para a construção da paz.

DESAFIOS MODERNOS A TODAS AS RELIGIÕES E CULTURAS

Há alguns desafios que, especialmente no mundo de hoje, não excluem nenhuma religião ou cultura e que, pelo contrário, parecem convocá-las para cerrar fileiras e buscar juntas soluções viáveis para os problemas.

Primeiro, temos o fato da pluralidade cultural e religiosa, especialmente nas grandes cidades modernas. Podem os seguidores das diferentes religiões e os integrantes das várias culturas fingir que não notam a presença dos demais?

Os prementes problemas da urbanização descontrolada e do desemprego, especialmente nas metrópoles hodiernas, a pobreza esmagadora de grandes populações que vivem na periferia das cidades em condições subumanas, o doloroso fenômeno de crianças vivendo nas ruas — tudo isso não pode deixar os que crêem indiferentes.

As religiões e as civilizações estão preocupadas com a onda de secularismo, de hedonismo, de consumismo e de uma mentalidade do tipo "use e abuse" com relação a alguns dos seus patrimônios mais preciosos. Embora a televisão, a mídia eletrônica e a imprensa possam dar uma grande contribuição para o bem, elas também podem, por exemplo, corroer e banalizar o caráter sagrado do casamento e da família. Elas podem apresentar um mundo irreal, totalmente fora do alcance da maioria das pessoas. O desafio é usar bem os meios de comunicação modernos para construir uma base sólida para a paz. Essa é a atitude positiva a ser assumida. Nenhum proveito há em apenas condenar os abusos que cometem.

É mais difícil de manter o sentimento de comunidade que veio apoiando as pessoas em sua identidade religiosa e cultural quando elas trocam a pequena localidade em que sempre viveram pela cidade grande. Ali o indivíduo pode se sentir sozinho, mesmo numa população de um milhão de pessoas. Uma pessoa solitária, desempregada ou faminta é um instrumento pronto para um revolucionário impetuoso que promete um futuro feliz depois de uma operação rápida e violenta. Que resposta as religiões têm para isso?

A tentação de usar meios violentos — latrocínio, terrorismo, assassinato, tumultos ou revolução sangrenta — jamais é totalmente excluída nos lugares onde as pessoas estão perecendo devido a maus governos, corrupção, pobreza, opressão, repressão, ou mesmo só desemprego e efeitos de uma economia debilitada. Esse é outro desafio para todos os que valorizam os elementos mais puros da sua religião e da sua cultura.

As Religiões Devem Educar as Pessoas nas Virtudes Básicas

Para enfrentar esses desafios e prevenir discórdias entre pessoas de orientações religiosas e culturais diferentes, as religiões do mundo devem fazer um grande esforço para educar os seus fiéis nas virtudes básicas que podem favorecer a construção da paz.

Perscrutando as religiões, podemos verificar que as bases para os elevados ideais de justiça, paz e unidade encontram-se no âmago de todas elas. Na verdade, a maioria das religiões considera uma verdade evidente por si mesma que Deus é o Criador de todos os seres humanos, que a natureza humana é a mesma em todos os homens e mulheres, que todos nutrimos o desejo de amar, de ser amados, de alcançar a felicidade, e que Deus é o destino último do homem, porque Ele é o único que pode propiciar realização plena e infinda ao coração humano. Além disso, a religião genuína ensina a homens e mulheres que eles são seres sociais que podem se desenvolver melhor em sociedades que cultivam a aceitação e o respeito mútuos e o desejo de colaboração.

Podemos também ver o papel da religião na consolidação da justiça, da paz e da unidade quando constatamos que a religião tem o poder de inflamar algumas das mais profundas e poderosas motivações para a ação humana. Por motivos religiosos, por exemplo, as pessoas estão prontas a reconhecer e confessar os seus erros, a se arrepender e pedir perdão, a se propor a ações mais dignas no futuro, a perdoar e buscar reconciliação com os que as ofenderam. Por causa da religião, as pessoas estão preparadas para resistir às tentações da vingança e do egoísmo, tanto do indivíduo como do grupo, lingüístico, étnico, religioso ou qualquer outro. Por amor à religião, as pessoas estão prontas a entregar sua vida por outros, como o próprio Jesus nos ensinou através das palavras e do exemplo: "Ninguém tem maior amor do que aquele que dá a vida pelos seus amigos" (Jo 15:13). E Jesus deu a sua vida mesmo por aqueles que não o amavam.

É evidente, portanto, que a religião pode contribuir para a justiça, a paz e a unidade. Na verdade, as várias religiões têm o dever de fazer isso, a não ser que queiram se marginalizar e se transformar em relíquias interessantes de eras passadas ou em instituições fossilizadas, em vez de caminhos de vida essenciais para o mundo de hoje.

Respeito a Identidades Religiosas e Culturais

A harmonia e a colaboração religiosa e cultural que está sendo proposta aqui não deve ser interpretada como perda da identidade própria de cada religião e cultura. Examinemos inicialmente como isso se aplica aos contatos inter-religiosos e, em seguida, como se verifica nas relações interculturais.

O diálogo inter-religioso é um encontro sincero de uma pessoa profundamente convencida da sua própria fé com um fiel de outra religião. Esse diálogo pressupõe a posse confiante e serena da própria identidade religiosa e uma participação tão eminente na comunidade de fé, que a pessoa pode ser nomeada embaixadora dessa comunidade.

O diálogo inter-religioso não é, portanto, para indiferentes religiosos, nem para os que são crianças-problema em sua comunidade religiosa, nem para acadêmicos que alimentam dúvidas sobre alguns artigos fundamentais da sua fé, nem para iconoclastas religiosos que já quebraram estátuas sagradas e abalaram alguns dos pilares sobre os quais suas religiões estão construídas. Seria um erro admitir a participação de céticos assim à mesa do diálogo inter-religioso. Um país não pode indicar para embaixador um cidadão cuja lealdade seja suspeita.

É significativo que o Concílio Vaticano II, que teve uma auto-imagem tão lúcida do que é a Igreja e da missão universal a ela confiada por Cristo (cf. LG, AG), seja também o Concílio que insistiu em que os católicos se encontrassem com os seguidores de outras religiões e que "testemunhando sempre a fé e vida cristãs, reconheçam, mantenham e desenvolvam os bens espirituais e morais, como também os valores socioculturais que entre eles se encontram" (*Nostra Aetate, 2*).

No esforço de pessoas de uma cultura para encontrar as de outra, é preciso ficar atento para não renegar a própria identidade cultural. O enriquecimento não deve ser interpretado como esvaziamento e substituição. Se, por um lado, é irrealista e contrário a um viver harmonioso que uma cultura resista à influência benéfica de outra, por outro, "não menos perigosa é a conformidade servil de culturas", diz João Paulo II (*Mensagem para o Dia Mundial da Paz, 2001, nº 9*). O Papa dá como exemplo desse erro a tentação de copiar determinados aspectos da cultura ocidental ou européia que se separaram das suas origens cristãs. São padrões culturais marcados pelo secularismo (viver como se Deus não existisse), pelo ateísmo prático, pelo individualismo radical e pelo niilismo. Envoltas em roupagens científicas e tecnológicas vistosas, essas tendências negativas podem ser muito prejudiciais ao desgastar patrimônios preciosos de outras culturas. Por isso, é preciso discrição para que uma cultura se aproxime de outra e saia do encontro enriquecida.

Para alcançar esses objetivos e para manter afastados os perigos e riscos, é preciso educar. Como dissemos num capítulo anterior, a educação é um dos deveres dos líderes religiosos.

Para evitar a miopia religiosa e cultural, as pessoas precisam ser ajudadas a harmonizar o respeito pela sua identidade religiosa e cultural com uma compreensão razoável das outras religiões e culturas. Ao mesmo tempo em que devem ser capazes de definir o seu lugar no mundo com relação a padrões culturais e religiosos, as pessoas precisam também respeitar os que são diferentes, acrescentando a esse respeito um apreço sincero por tudo o que têm de nobre, verdadeiro, bom e elevado.

Essa abertura não precisa conduzir ao relativismo teológico ou à confusão cultural. A religião deve orientar o fiel a ir ao encontro de outras religiões com senso crítico. Um cristão, por exemplo, não deve abandonar a fé na singularidade de Jesus Cristo como Filho de Deus feito homem e Salvador de toda a humanidade, que fundou a Igreja para compartilhar a Boa Nova da salvação com todos. Assim preparado, o cristão se mantém aberto para admirar tudo o que o Espírito Santo possa ter operado em outras pessoas ou em seus rituais ou culturas religiosas. No nível cultural, uma pessoa adequadamente inserida na sua cultura pode, com o discernimento necessário, conhecer pessoas de tradições culturais diferentes.

Precisamos então concluir que, embora as religiões e as culturas em que elas existem e atuam podem causar, provocar ou exacerbar tensões e conflitos, elas não precisam, e não devem, fazer isso. Muito pelo contrário, devem contribuir positivamente para a harmonia, a colaboração e a paz. Para que isso aconteça, as pessoas precisam fazer a parte delas. E as religiões em si têm um papel especial. No que se refere à inspiração de atitudes, e em mais detalhes, qual é esse papel? Esse é o assunto do próximo capítulo.

CINCO

As Religiões Inspiram Atitudes de Paz

~~~

Uma das formas fundamentais pelas quais as religiões do mundo podem ajudar a construir a paz é inspirando atitudes que levem à paz ou à sua preservação. De ângulos diferentes, vejamos como as religiões podem fazer isso.

ACEITAÇÃO DA PLURALIDADE RELIGIOSA

Se não houver paz e aceitação mútua entre pessoas de diferentes orientações religiosas, a paz na sociedade como um todo será impossível. Mas para a paz inter-religiosa, uma das exigências básicas é que os crentes aceitem o fato da pluralidade religiosa no mundo. Não existem apenas cristãos no mundo (eles compõem 33% da humanidade, dos quais 18% são católicos e 15% são cristãos de outras denominações). Há também muçulmanos, em torno de 18%, hindus, com 13%, e budistas, que representam 7% da população mundial. Além disso, temos judeus, *sikhs*, adeptos de religiões tradicionais ou tribais, jainistas, zoroastristas, taoístas e seguidores de seitas chinesas (cf. D. Barrett, *World Christian Encyclopaedia,* Nairobi, 1982, pp. 6, 782-785).

Outro fato relevante a par da existência de muitas religiões é que as pessoas de diferentes convicções religiosas vivem e trabalham lado a lado hoje mais do que em qualquer outro século anterior. A Inglaterra, atualmente, embora sendo tradicionalmente um país cristão, abriga também judeus, muçulmanos, hindus, *sikhs* e budistas que vivem nos mesmos bairros. A Arábia Saudita, apesar de ser o berço do Islamismo, reúne um grande número de cristãos e também alguns hindus e budistas trabalhando em várias profissões. A Tailândia é uma área cultural predominantemente budista, mas cristãos e muçulmanos também fazem parte das suas estatísticas. A Nigéria é um país com um contexto religioso e cultural formado pela religião tradicional africana, mas muçulmanos e cristãos estão superando o número de seguidores dessa religião. Atualmente, é difícil encontrar um país no mundo onde não haja diversidade religiosa. Às vezes na mesma família, ou com maior freqüência no mesmo escritório, equipe de futebol, partido político, universidade ou sindicato, há pessoas que pertencem a credos religiosos diferentes.

As religiões devem ensinar e convencer seus adeptos a aceitarem esse fato e a aprenderem a conviver com ele.

Promoção da Harmonia e da Colaboração Inter-Religiosas

A partir da aceitação da pluralidade religiosa, os fiéis das várias religiões precisam aprender a trabalhar juntos na promoção da paz. A paz não tem fronteiras religiosas. Não há uma paz cristã, uma paz muçulmana, uma paz hindu ou uma paz budista distintas. As religiões não têm outra opção senão trabalhar em conjunto para promover a paz. "Os contatos inter-religiosos e o diálogo ecumênico", diz o papa João Paulo II, "parecem ser hoje caminhos obrigatórios para garantir que muitas feridas doloridas causadas no decorrer dos séculos não se repitam e ainda para que muitas delas que permanecem sejam rapidamente curadas" (*Mensagem para o Dia Mundial da Paz,* 1992, nº 6).

Bastam umas poucas pessoas para provocar tensões ou guerras. Para construir e manter a paz, porém, é necessária a cooperação de todos. Os seguidores das várias religiões precisam ser ajudados para superar desentendimentos, estereótipos, caricaturas e outros preconceitos, herdados ou adquiridos. Eles precisam se unir para fazer com que suas vozes em favor da paz sejam ouvidas nos conselhos de Estado, nos meios de comunicação e na comunidade. Todas as mãos devem estar disponíveis para modelar a sociedade de modo que as pessoas vivam em paz e tranquilidade.

Neste trabalho de conscientização, as religiões com seguidores em muitos países ocupam uma posição privilegiada para ajudar. Se um país declarasse guerra contra outro, logicamente os adeptos dessas religiões lutariam uns contra os outros. Essa situação deveria detê-los para que se perguntassem que lado está certo, em que lado Deus está. Uma religião universalista deve ajudar as pessoas a se verem umas às outras não como inimigos, mas como irmãos e irmãs além de fronteiras religiosas e nacionais. Essa atitude é muito positiva para a promoção da paz.

Conversão do Coração Humano

A guerra começa no coração das pessoas com o orgulho, o rancor, o ódio e o desejo de vingança, antes de se traduzir em armamentos, violência declarada e destruição injustificada. Por isso, para construir a paz, é aconselhável buscar primeiro a conversão do coração. Transformando o ódio e a cobiça do coração e da mente em amor e desejo de reconciliação, as armas cairão de mãos raivosas e hostis, e o desenvolvimento de uma cultura de paz pode começar.

A educação para a paz, portanto, precisa começar com a formação da consciência, com a conversão do coração. Egoísmo, desejo imoderado de bens terrenos que são destinados ao uso de todos, apropriação do que pertence ao outro, desonestidade em pensamentos e palavras, violência explícita — tudo isso são estopins de guerras. Seria um falso início supor que as pessoas não têm essas fraquezas. Todas as religiões têm o dever de juntar as mãos para educar o coração humano na honestidade, no amor, na benevolência, na compaixão, na solidariedade, no autocontrole e, especialmente, no respeito pelos direitos do outro.

Uma base sólida para iniciativas assim é o estudo conjunto e a transmissão de ensinamentos, por parte das várias religiões, sobre a dignidade da pessoa humana criada por Deus à Sua imagem e semelhança (cf. Gn 1:26). Conseqüência dessa dignidade são os direitos fundamentais de cada ser humano, que procede de Deus Criador. Além de estruturas econômicas, sociais e jurídicas, a promoção da paz requer valores éticos e religiosos específicos. É aqui que entra a religião. Por isso, o papa João Paulo II se expressa assim na sua encíclica de 1º de maio de 1991: "Estou convencido de que as várias religiões, agora e no futuro, terão um papel fundamental na preservação da paz e na construção de uma sociedade digna do homem" (*Centesimus Annus*, 60). São Tiago já admoestava os primeiros cristãos a controlar suas paixões para que pudessem viver em paz: "De onde vêm as lutas e as contendas entre vós? Não vêm elas de vossas paixões, que combatem em vossos membros? Cobiçais e não tendes? Então matais. Buscais com avidez, mas nada conseguis obter? Então vos entregais à luta e à guerra para obter pela força" (Tg 4:1–2). As religiões podem ensinar com grande proveito o mesmo ascetismo e o mesmo código moral nos dias de hoje.

CONSCIENTIZAÇÃO PARA A PAZ

As religiões devem tornar os seus adeptos cada vez mais conscientes da necessidade de se construir a paz. Embora seja verdade que as diferenças religiosas podem agravar os conflitos se não houver uma liderança atuante, também é inegável e facilmente verificável que os valores morais e as convicções compartilhadas por pessoas de muitas religiões podem fornecer uma base para que comunidades e nações vivam em paz e harmonia. Vejamos algumas dessas convicções.

A força, a violência e a guerra não trazem a paz. Uma pessoa pode derrotar outra numa luta e todavia não ter paz interior. Um país pode vencer o seu vizinho em três ou quatro guerras, e apesar disso estar distante da paz, a menos, certamente, que se fale da paz do cemitério, da paz que existe entre os mortos e os que os mataram. O valor, a força e a superioridade militar podem às vezes ser demonstrados por meio do perdão e do desejo de reconciliação mais do que pelo uso da força bruta. As religiões estão numa boa posição para enaltecer esses valores.

O medo pode ser a origem de muitos casos de tensão e conseqüente agressão. O racismo, o anti-semitismo, os crimes por ódio, a assim chamada limpeza étnica, o extremismo e outros atos de violência semelhantes podem ter como causa uma boa dose de medo. As religiões devem ajudar as pessoas a analisar os seus medos e a procurar soluções positivas e aceitáveis baseadas na justiça e no amor ao próximo.

Todas as religiões precisam lidar com a educação voltada para a atitude correta com relação à violência. Há violência contra grupos devido a fatores sociais, religiosos, culturais ou políticos, especialmente quando esses grupos são formados por minorias. Há violência na forma de eleições políticas fraudulentas, de demonstrações injustas, de terrorismos e assassinatos. E há a violência que irrompe como guerra declarada: tribal, civil, internacional ou equivalentes.

A verdadeira religião ensina o autocontrole e que cada um deve lutar contra as próprias paixões que incitam para o mal, e não lutar contra o próximo. Não se vence a violência com mais violência. O ódio deve ser vencido pelo amor, pela conversão do coração e pela remoção das causas da guerra, que são a injustiça, o egoísmo, a inveja e a indiferença diante do sofrimento dos outros.

As palavras de Buda Sakyamuni são famosas:

O ódio jamais é vencido pelo ódio;
O ódio só se extingue com o amor.
Esta é uma lei eterna (Dhammapada 5).

Também Cristo nos ensina a não buscarmos vingança, a não seguirmos a lei antiga do olho por olho e dente por dente, mas a estarmos dispostos a suportar ofensas (cf. Mt 5:38–42). Como já mencionamos, São Paulo diz aos romanos: "Não façais justiça por vossa conta, caríssimos, mas dai lugar à ira de Deus... Se o teu inimigo tem fome, dá-lhe de comer, se ele tem sede, dá-lhe de beber. Agindo desta forma estarás acumulando brasas sobre a cabeça dele. Não te deixes vencer pelo mal, mas vence o mal com o bem" (Rm 12:19–21).

A violência e a guerra são realidades cruéis da existência humana; irmão se levanta contra irmão, nação contra nação. Há crianças que não conheceram a paz um único dia de toda a sua vida. Alguns países ou grupos minoritários são despojados dos seus direitos ou simplesmente espoliados por grupos mais poderosos. Há regiões do mundo onde faltam alimentos, remédios e roupas, mas nunca faltam armas. O comércio de armas é um dos aspectos mais vergonhosos de algumas sociedades modernas. Povos inteiros estão clamando pela solução dos conflitos, por paz e segurança. As religiões podem ficar caladas?

A Inspiração de Virtudes Necessárias à Paz

As reflexões precedentes já relacionaram algumas virtudes necessárias para a construção da paz que as religiões têm condições de inspirar e incutir. Agora, algumas outras virtudes e valores precisam ser salientados.

A justiça é um fundamento imprescindível para a paz. Se as pessoas são usurpadas dos seus direitos, se são oprimidas e reprimidas, se lhes é negada voz para reivindicar o que lhes é devido, as bases para a paz estarão realmente abaladas.

Ao desafio da pobreza espiritual presente no isolacionismo, na indiferença e na falta de sensibilidade moral, as religiões podem responder insistindo em que a interdependência entre pessoas e entre países não deve apenas ser tolerada, mas aceita, amada e vivida. Então ela se transforma na grande virtude moral da solidariedade. Por solidariedade nós nos aceitamos como irmãos e irmãs, companheiros na jornada da vida. Não somos individualidades absolutas. Não somos rivais. Não somos ameaças uns para os outros. Precisamos uns dos outros para crescer e chegar ao máximo do nosso potencial. Cada religião pode ajudar a fortalecer esse espírito por meio da reflexão sobre os próprios livros sagrados, da meditação e da oração. Assim, a consciência humana e a sensibilidade moral podem ser educadas e elevadas a níveis superiores de atuação.

O Amor ao Próximo

O amor aos seguidores das outras religiões não deve ser considerado como uma recomendação meramente piedosa. Ele é uma necessidade real para a paz. Todas as religiões podem cooperar para incentivá-lo. Concretamente, as iniciativas podem assumir formas como exortação à estima pelos outros, à disposição para ouvir e tentar compreender, ao arrependimento, ao perdão e reconciliação, como já foi explicado, e à presteza em admirar e louvar o bem, a verdade e o belo em outros crentes. Cada fiel deveria ter condições de encontrar na sua tradição religiosa ensinamentos e orientações que conduzem e estimulam a relações harmoniosas com outras pessoas e, conseqüentemente, à colaboração mútua na promoção da paz.

Informações sobre os Terríveis Efeitos da Guerra

As religiões podem promover a paz fornecendo informações sobre os efeitos negativos e terríveis da guerra. Afinal, a guerra é uma prova do fracasso humano, porque uma solução mais aceitável deveria ter sido procurada para os conflitos e os desentendimentos.

As operações militares modernas implicam o uso de armas de colossal poder destruidor, acarretando um tributo exorbitante em vidas humanas, entre combatentes e não-combatentes, além da destruição da propriedade e de estruturas construídas pela civilização humana. A guerra causa a tragédia dos refugiados; tem um efeito negativo sobre a vida econômica, social e moral de milhões de pessoas e é freqüentemente acompanhada de desastres ecológicos. Muito justamente, João Paulo II chamou a guerra de "aventura sem volta" (*Alocução ao Corpo Diplomático acreditado junto à Santa Sé,* janeiro de 1991). A guerra é um massacre inútil que em geral não resolve os problemas que ela declaradamente se propôs a resolver. É mais humano buscar outras soluções, que não a lógica das armas. As religiões têm o dever de conscientizar. Os líderes religiosos que tomam o caminho mais fácil de simplesmente apoiar as posições políticas e militares dos líderes dos seus países que promovem a guerra, sem um esforço para ajudar as pessoas a discernir e buscar outras soluções, podem estar fracassando em suas responsabilidades.

Religiões para a Cura

Ao abordar questões de guerra e paz, as religiões precisam prover-se também do bálsamo da cura. Há feridas que tanto pessoas quanto países infligiram uns aos outros física, moral e psicologicamente. Confusão, ansiedade e medo ocupam muitos corações. Alguns são atormentados pelo rancor e pelo desejo de vingança, por erros reais ou simplesmente imaginados. As religiões devem ir ao encontro das pessoas que precisam de cura.

Para os cristãos, Jesus Cristo é a manifestação visível do amor de Deus pelo ser humano na sua individualidade e no Seu desejo de curar todas as feridas humanas. A maior delas é o pecado. E o pecado é, em primeiro lugar, uma ofensa a Deus. Freqüentemente é também uma ofensa ao próximo. Jesus Cristo, por sua vida, sofrimento, morte e ressurreição, redimiu a humanidade das feridas do pecado e trouxe a cura. Ele confiou à sua Igreja a dispensação do seu mistério e do seu Evangelho de cura e salvação.

Outras religiões podem examinar como compreendem o papel da religião como bálsamo de cura. Mas não há dúvida de que, considerando a natureza histórica da humanidade como raça decaída (os cristãos se referem ao pecado original), o caminho para a paz nas sociedades humanas passará muitas vezes pela cura.

Pessoas de Esperança

No esforço para promover e preservar a paz, a esperança é uma virtude absolutamente necessária. Sem ela, os adeptos das várias religiões podem desanimar. Eles estão angustiosamente conscientes das suas limitações humanas — são limitados na sua compreensão, na sua visão e na sua energia e recursos humanos. Às vezes podem até se surpreender imaginando se não pretenderam demais, se realmente têm capacidade para contribuir para a cura e a paz no mundo.

Mas é aqui que os crentes devem encontrar um recurso espiritual em suas respectivas profissões de fé que os motive a agir. Esse recurso é a esperança. A maioria das religiões ensina a seus fiéis a trabalharem muito, a não permanecerem passivos e a encararem as questões difíceis. Mas ensinam-lhes também que não estão sozinhos nessa luta.

Há um Poder além de nós, que os cristãos chamam de Deus, que sustenta, revigora e de fato viabiliza os esforços pela cura e pela paz. As pessoas podem trabalhar com confiança porque sabem que não são as suas qualidades pessoais e esforços limitados que principalmente produzem os resultados almejados. Elas têm acesso à ajuda divina, à força a mais sem a qual os seres humanos não podem sequer começar, nem continuar, nem levar esses projetos a uma conclusão feliz. Pelo menos para os cristãos, a paz é um presente que pedimos a Deus na oração.

Com convicções assim, os crentes descobrirão que podem unir-se, não apenas em seu compromisso para ajudar na cura do mundo e na promoção da paz, mas também em sua abertura para descobrir a visão e a energia que permitirão enfrentar os desafios no caminho da paz. Eles são pessoas de esperança.

SEIS

As Religiões Promovem Iniciativas Práticas de Paz

No capítulo anterior, vimos como as religiões podem ajudar a educar as pessoas em atitudes que conduzem à paz ou que contribuem para preservá-la. Mas as religiões não podem se limitar à conscientização. Devem também empreender iniciativas práticas de paz, individual ou conjuntamente. A seguir, algumas formas de como isso pode ser feito.

Informações Corretas Sobre Outras Religiões

Como a promoção da paz resulta principalmente de relações inter-religiosas boas e harmoniosas, uma das maneiras práticas a que as religiões podem recorrer para ajudar a construir a paz é manterem relações amigáveis entre si. Uma exigência fundamental para isso é todas disporem de informações corretas de umas sobre as outras.

Sem dúvida, os seguidores das várias religiões precisam ter boa vontade, mas isso não é suficiente. Se existem idéias deturpadas ou incorretas sobre os outros credos, passos práticos precisam ser dados para corrigir a situação. É necessário um estudo planejado sobre a outra religião para que as relações não estagnem no nível superficial de generalizações e estereótipos. As pessoas que ocupam posições de liderança ou de responsabilidade em cada religião têm uma obrigação maior do que seus correligionários de se comprometer com um estudo mais profundo das outras convicções religiosas.

Damos dois exemplos de ações concretas já empreendidas. A Comissão para Relações com os Muçulmanos, criada pela Conferência Regional dos Bispos Católicos de nove países de língua francesa na África Ocidental, publicou em 1985 um livro que apresenta o Islamismo aos cristãos, *Connais-tu ton Frère?*, e em 1989 um livro que apresenta o Cristianismo aos muçulmanos, *Frères dans la Foi au Dieu unique.* Em 1990, na França, os católicos colaboraram com muçulmanos e judeus para compor um opúsculo que apresenta o Judaísmo, o Cristianismo e o Islamismo às crianças francesas (cf. Fr. Bernard-Marie, *La Foi à Trois Voix,* Paris, 1991).

Os adeptos de uma religião também podem receber melhores informações sobre outra religião através de conversas francas com amigos pertencentes a esta, especialmente por ocasião da celebração de algum evento, como o nascimento de uma criança, um casamento, uma iniciação religiosa ou profissão de fé, ou o falecimento de um membro da comunidade.

Estudos especializados nos domínios da história, da sociologia, da teologia e de outras ciências religiosas também têm seu lugar. Aqui, universidades e instituições de ensino superior semelhantes podem ajudar, sejam elas seculares ou ligadas a alguma religião em particular. Uma universidade é um centro de pensamento, pesquisa e ensino. É um espaço onde diferentes correntes de pensamento se encontram e comunicam livremente. Os acadêmicos são conhecidos pelo amor e busca do conhecimento. Espera-se de uma universidade que ela seja objetiva e íntegra nas pesquisas sobre as várias religiões e na divulgação dos resultados dessas pesquisas. Situações complexas de tensões ou conflitos, em que considerações políticas, econômicas, raciais, culturais ou religiosas emergem, devem ser analisadas cuidadosamente por centros superiores de ensino. Assim o público pode ser objetiva e corretamente informado.

Para espantar a escuridão é necessária a luz. Para superar ou reduzir preconceitos religiosos seculares são necessárias informações corretas. As universidades devem persistir em informar corretamente os fanáticos que parecem agir inspirados pelo chavão "Não me confunda com fatos".

As universidades são espaços ideais para estudantes e professores se envolverem com o discurso intelectual sobre as várias religiões e abrirem oportunidades para depurar lembranças históricas ainda ressentidas. É verdade que a simples informação não é suficiente para promover boas relações inter-religiosas. Mas informações históricas verdadeiras e objetivas são ingredientes para uma colaboração saudável e duradoura.

Vejamos alguns exemplos de atividades realizadas por universidades. A Pontifícia Universidade Gregoriana, em Roma, mantém um diálogo acadêmico com a Universidade de Ankara, na Turquia. Esse diálogo possibilita o intercâmbio de professores e a organização de simpósios com a participação conjunta de palestrantes católicos e muçulmanos. O Instituto

Pontifício para Estudos Árabes e Islâmicos, também sediado em Roma, em conjunto com a Universidade Gregoriana, formou uma associação acadêmica com a Universidade de Zaitouna, em Túnis. O Instituto de Al-Azhar, no Cairo, realiza uma reunião anual com o Conselho Pontifício para o Diálogo Inter-religioso e está estabelecendo contatos com a Pontifícia Universidade de Santo Tomás, em Roma. O Centro para o Entendimento Muçulmano-Cristão da Universidade Georgetown, em Washington, D.C., vem trabalhando para propagar informações corretas sobre o Islamismo e o Cristianismo.

Como a verdade é um caminho necessário até a paz, sem dúvida o conhecimento adequado das outras religiões é uma das pedras necessárias para um alicerce sólido para o edifício da paz.

Gestos de Boa Vontade

Ações falam mais alto do que palavras. Os gestos transmitem lições que registram impressões mais profundas nas pessoas do que discursos eruditos.

Assim, as religiões podem construir a paz através de gestos recíprocos de boa vontade. Gestos como sorrisos, apertos de mão ou equivalentes, encontros informais, troca de visitas em ocasiões significativas, disposição de ouvir um ao outro, e o simples fato de pessoas de religiões diferentes se sentarem juntas para discutir um projeto ou um desafio comum: todos esses são sinais eloqüentes de amizade e diálogo para os adeptos dessas religiões. Quando esses gestos vêm do coração, os participantes estão construindo a paz. Alguns exemplos:

A família budista japonesa de Rissho Kosei-kai criou laços de amizade com o Movimento Católico dos Focolares (ver página 116), com sede em Rocca di Papa, perto de Roma. Os dois movimentos se reúnem regularmente.

Em janeiro de 1997, a Universidade Budista de Mahayulasachu e o mosteiro próximo em Chiang Mai, Tailândia, convidaram a dirigente do Movimento dos Focolares para falar a alunos, monges e monjas. Desde essa época, a amizade cresceu entre eles e visitas ocasionais têm ajudado a promover o entendimento mútuo.

O imã Warith Deen Mohammed, líder de um grupo de muçulmanos afro-americanos com cerca de dois milhões de membros, tem laços de amizade com representantes da Igreja Católica nos Estados Unidos e com o Movimento dos Focolares. Em 18 de maio de 1997, Chiara Lubich, do Movimento dos Focolares, foi recepcionada na Mesquita Malcolm Shabazz, no Harlem, Nova York, e em novembro de 2000 muçulmanos e focolarinos realizaram uma convenção de quatro dias em Washington, D.C.

A Comunidade de Santo Egídio tem bons contatos com pessoas de muitas religiões, e isso facilita o encontro anual pela paz, como será explicado mais adiante.

Entre os gestos de paz inter-religiosa mais expressivos dos dias atuais está a calorosa acolhida dada ao papa João Paulo II, em 24 de fevereiro de 2000, pelo Sheikh Al-Azhar e pelas principais autoridades dessa milenar instituição islâmica, no Cairo, e os muitos encontros entre o Papa e judeus, cristãos e muçulmanos na Terra Santa, em março de 2000. Os meios de comunicação modernos, principalmente a televisão, prestaram excelentes serviços ao tornar esses eloqüentes sinais disponíveis instantaneamente para o mundo inteiro.

Esforço Conjunto para Enfrentar Problemas Comuns

Os homens se debatem com muitos problemas e situações que não respeitam fronteiras religiosas, raciais, e às vezes nem mesmo territoriais. Exemplos disso são a guerra, a fome, o problema dos refugiados, o desemprego e as drogas. Se os adeptos das diversas religiões se empenharem em enfrentar desafios assim em conjunto, eles estarão construindo a paz. Mais adiante, mencionarei algumas iniciativas inter-religiosas para promover a paz. Aqui desejo registrar duas ações realizadas na época da Guerra do Golfo, em 1991, voltadas especificamente para a guerra, os refugiados e os migrantes.

De 4 a 6 de março de 1991, na Cidade do Vaticano, o papa João Paulo II promoveu um encontro com sete patriarcas das igrejas orientais do Oriente Médio e presidentes da Conferência dos Bispos dos países mais diretamente envolvidos na Guerra do Golfo. O objetivo era estudar iniciativas apropriadas que permitissem à Igreja Católica e às suas instituições oferecerem uma contribuição concreta para a paz na região, promover a colaboração e a solidariedade inter-religiosa e ajudar as pessoas diretamente afetadas pela guerra. Na ocasião, o Dr. Hamid Algabid, Secretário-Geral da Organização da Conferência Islâmica, enviou ao Papa uma carta de agradecimento e apoio. Esse é um bom sinal. Além disso, tanto ao designar uma comissão *ad hoc* para ajudar as vítimas da guerra, quanto em sua mensagem do Ramadã à comunidade muçulmana mundial, em abril de 1991, o Papa expressou o desejo da Igreja Católica de trabalhar junto com muçulmanos para ajudar as vítimas da guerra e construir estruturas para uma paz duradoura. A resposta foi positiva e animadora.

Um segundo exemplo recente de colaboração inter-religiosa foi dado por um encontro realizado em Malta de 22 a 24 de abril do mesmo ano. A meta era estabelecer medidas de cooperação prática com relação ao problema humanitário global de refugiados e migrantes. O encontro foi uma iniciativa de três organizações cristãs (a Comissão Católica Internacional de Migração, a Federação Luterana Mundial e o Conselho Mundial de Igrejas) e três organizações muçulmanas (a Sociedade Mundial para Promoção do Islã, o Congresso Muçulmano Mundial e a Fundação Mundial para Promoção do Islã). Esse foi o primeiro encontro internacional cristão-muçulmano dessa natureza. Entre as suas declarações, lemos: "Afirmamos que precisamos trabalhar juntos para garantir que os direitos e a dignidade de todas as pessoas que estão em busca de refúgio, e das suas famílias, se separadas, sejam respeitados e preservados, sejam essas pessoas quem forem, estejam onde estiverem."

Esses exemplos de união inter-religiosa para enfrentar desafios comuns são passos na direção correta. São elementos de uma base sólida na educação para a paz.

Vamos agora aplicar esse princípio geral de colaboração inter-religiosa para a paz a algumas áreas concretas da vida.

DESENVOLVIMENTO DE PROJETOS CONJUNTOS

É um passo positivo em direção à paz quando pessoas de diferentes religiões assumem projetos conjuntos. Quanto mais as pessoas trabalharem juntas, melhor se aceitarão umas às outras.

Já vi cristãos e muçulmanos darem-se as mãos para dirigir uma clínica de controle da lepra. Há um país onde mulheres de duas religiões diferentes se unem para oferecer a mulheres de rua meios para que possam ganhar a subsistência com dignidade. Budistas se juntaram a cristãos para prestar serviço social em áreas carentes. A recuperação de viciados em drogas ou a assistência a refugiados e a pessoas desalojadas são outros serviços que comunidades de duas ou mais religiões podem aprender a realizar juntas. Quanto mais ações práticas conjuntas dessa natureza houver nas sociedades, menos difícil será promover a coesão e a harmonia social.

Se queremos paz, precisamos defender a vida. A vida humana vem de Deus. Ela é sagrada. Quase todas as religiões concordam com isso. A vida humana deve ser respeitada e protegida. As religiões lançarão os necessários fundamentos para a paz se ensinarem que a vida humana deve ser respeitada em cada momento da sua existência, desde a concepção até a morte natural. A morte de pessoas inocentes é um erro, quer assuma a forma de aborto, infanticídio, suicídio, terrorismo, assassinato ou eutanásia. A essa triste lista devem ser acrescentadas as práticas irresponsáveis da engenharia genética, como a clonagem e o uso de embriões humanos para pesquisa. Quem despreza uma vida, despreza todas as vidas. As religiões devem educar os seus seguidores a não permitirem nenhuma medida tendenciosa nessa fundamental questão de ser ou não ser.

O papa João Paulo II, em sua *Mensagem para o Dia Mundial da Paz* de 2001, enaltece o valor da vida humana. "A vida humana", diz ele, "não pode ser vista como um objeto de que se possa dispor arbitrariamente, mas como a realidade mais sagrada e inviolável que exista sobre a face da Terra. Não pode haver paz quando falta a salvaguarda deste bem fundamental. Não se pode invocar a paz e desprezar a vida" (*Mensagem*, nº 19).

Defesa dos Direitos da Criança

As religiões devem encontrar formas de cooperação para ensinar as pessoas a reconhecerem e respeitarem os direitos da criança. Entre outros, a criança tem o direito de nascer, de ser amada e cuidada pelos pais, de receber uma boa educação, inclusive religiosa, e de ser bem preparada para começar a vida como adulto.

Nas muitas guerras que infelizmente não faltam no mundo, muitas crianças são mortas ou feridas. Mas a violência contra elas assume muitas outras formas. Alguns meninos e meninas são forçados a servir o exército, o que compromete e prejudica o futuro deles. Como disse João Paulo II em sua *Mensagem para o Dia Mundial da Paz* (nº 2) de 1996, "A morte deliberada de uma criança é um dos sinais mais inquietantes do colapso de todo o respeito pela vida humana."

Também não devemos esquecer aquelas crianças que sofrem devido ao abuso em suas famílias, à pobreza, à coação a trabalhar em tenra idade e sob condições as mais cruéis, e até à degradação de serem vendidas e usadas na mendicância, no tráfico de drogas ou na prostituição.

Algumas violações dos direitos das crianças são pecados que clamam aos céus por vingança. As religiões não podem agir como se não soubessem que tudo isso está acontecendo.

Educação da Juventude

Os caminhos para a paz não são monopólio de especialistas. Estão abertos a todos, e especialmente aos jovens. Com efeito, nas palavras do papa João Paulo II na sua *Mensagem para o Dia Mundial da Paz* de 1985, a paz e a juventude avançam juntas. As decisões que os jovens do mundo tomam com relação a si mesmos e à sua vocação na sociedade determinarão em grande parte as perspectivas de paz para o presente e para o futuro. A paz e a juventude também caem juntas. Quando explode a guerra, são principalmente os jovens que sofrem e morrem. Os cemitérios militares são uma lembrança cruel desse fato.

Por isso, as religiões devem educar os jovens a formar sua consciência em favor da paz, à abertura ao diálogo e à negociação pacífica, e à insistência junto às autoridades públicas para que as opções nacionais sejam em favor da paz.

Promoção da Família

Tudo o que as religiões podem fazer para salvaguardar, defender e promover a família é um passo para a estabilidade e para a paz. A família é fundamental no nascimento e na educação do indivíduo. É a família que inicialmente provê à criança o necessário para que ela possa participar da sociedade. Nenhuma religião pode ignorar essa célula básica da sociedade.

Se as nossas famílias estão espiritual e moralmente falidas, se estão desajustadas por tensões, discussões e recusa à reconciliação, se estão deformadas pelo adultério e pela falta de amor, se estão desfiguradas por divórcios, litígios e separações, então o restante da sociedade vive grandes dificuldades. A crise da sociedade de certo modo decorre das crises familiares.

Desenvolvimento e Promoção Humana

A religião deve se manifestar em ações de justiça, de respeito pelos direitos humanos e pela dignidade, de desenvolvimento e promoção humana no sentido pleno desse conceito. O caminho para a paz passa necessariamente por esse território. A religião se dissolveria em árida filosofia se não se envolvesse com situações de fome, de habitação inadequada, de doença, analfabetismo e desemprego. O mesmo se aplica à discriminação contra pessoas por fatores como raça, religião, classe social, sexo ou lugar de origem.

O problema da pobreza precisa de uma reflexão especial. Há indivíduos e povos inteiros que não têm o mínimo necessário de alimento, água, cuidados com a saúde, educação, moradia ou emprego para uma existência humana digna. Às vezes eles podem ser parcialmente responsáveis pelo seu destino. Mas quase sempre essa pobreza é, em grande parte, por causa de políticas míopes dos seus governantes, de desonestidade ou corrupção de pessoas da vida pública ou de decisões econômicas dos países mais ricos que ignoram ou mesmo exploram as fraquezas dos países do assim chamado Terceiro Mundo.

Promover o desenvolvimento humano global é preparar a paz. Desigualdades exacerbadas entre povos nas áreas econômica, social e cultural causam tensões e ameaçam a paz. A paz e a prosperidade são bens que pertencem a todo o gênero humano. Elas não podem ser desfrutadas, e nem se deve entender que possam sê-lo, de modo egoísta e à custa de outros povos (cf. Paulo VI, *Populorum Progressio*, 76–77; João Paulo II, *Centesimus Annus*, 27). Quando, portanto, as religiões se dão as mãos para soerguer os pobres e os deserdados, e para ajudá-los a ajudarem a si mesmos, elas estão trabalhando pela paz.

Os sem-teto, os desempregados, os doentes e os que gemem sob o peso da pobreza opressora, do subdesenvolvimento esmagador ou das dívidas externas cada vez mais pesadas —

essas pessoas estão clamando por atenção, e é preciso ouvi-las se queremos uma paz verdadeira. Uma pobreza não ouvida pode levar à desumanização e ao desespero. E uma pessoa faminta pode facilmente encolerizar-se e tornar-se um instrumento perigoso nas mãos de um revolucionário violento.

Deve-se observar que, em sociedades onde as pessoas sofrem sob o peso de situações injustas como essas, os extremistas religiosos tiram vantagens. Eles têm mais facilidade para conquistar o apoio dos pobres que sofrem, que são a grande maioria, propondo soluções religiosas extravagantes. É forte a tentação de que a resposta a situações de sofrimento assim seja uma volta ao que é apresentado como uma forma original ou pura de uma determinada religião. Reações violentas podem ser facilmente provocadas.

A resposta efetiva e permanente não é a repressão aos fanáticos religiosos, embora seja inevitável alguma restrição às suas atividades. A solução verdadeira é a ação conjunta de adeptos de todas as religiões na área, apoiados por outros cidadãos, para promover a justiça, o desenvolvimento, programas econômicos saudáveis, honestidade na vida pública e privada, e disposição por parte dos ricos de demonstrar uma solidariedade séria para com os pobres. A paz repousa sobre os pilares do amor, da verdade, da liberdade, do desenvolvimento, da justiça e da solidariedade.

INTERESSE COMPARTILHADO COM RELAÇÃO AO USO DOS RECURSOS NATURAIS

O mundo religioso não deve considerar a preocupação com a Terra ameaçada, e portanto com a harmonia ecológica, como algo neutro. "O domínio concedido ao homem pelo Criador", diz o papa João Paulo II, "não é um poder absoluto... Um conceito verdadeiro de desenvolvimento não pode ignorar a utilização dos elementos da natureza, a renovação dos recursos e as conseqüências da industrialização arbitrária — três considerações que alertam nossa consciência para as dimensões morais do desenvolvimento" (*Sollicitudo Rei Socialis,* 34). Afinal, não somos senhores absolutos dos bens criados, mas administradores que precisam estar atentos às conseqüências do uso que deles fazemos para as gerações atuais e futuras.

Dizem os especialistas que 20% da humanidade consome 80% dos recursos da Terra, deixando apenas 20% para quatro quintos da humanidade. Além disso, alguns países ricos restringem a produção de alimentos para equilibrar os preços do mercado, segundo alegam, enquanto há países pobres cujos habitantes não têm o suficiente para comer. E ninguém precisa ser especialista para saber que os recursos da Terra podem ser destruídos ou lentamente esgotados por ganância, desleixo e guerras.

Essa é uma área fértil em que os seguidores de todas as religiões podem cooperar para a construção da paz.

Desarmamento e Comércio de Armas

Muitos Estados gastam somas enormes de dinheiro para formar grandes exércitos e equipá-los com armas cada vez mais destrutivas e caras. As religiões não podem deixar de se preocupar com isso.

Há países pobres no mundo onde podem faltar alimentos, remédios e roupas, mas armas nunca faltam. O comércio de armas é um dos aspectos mais vergonhosos de algumas sociedades modernas. Povos inteiros estão gemendo sob intenso sofrimento e estão bradando por libertação, ordem correta de prioridades, desarmamento e paz. Podem as religiões fazer ouvidos moucos a esses clamores?

PROMOÇÃO DA RECONCILIAÇÃO

A promoção da reconciliação entre pessoas é outro caminho necessário para a paz, como já foi sublinhado anteriormente. E aqui as religiões estão particularmente bem qualificadas para ajudar, porque podem recorrer a muitas considerações de ordem espiritual.

Dependendo das circunstâncias locais, a reconciliação é às vezes necessária entre pessoas de origens étnicas, lingüísticas, condição social ou situação econômica diferentes. Entre oprimidos e os seus opressores, a verdade, a justiça, o arrependimento, a disposição para a reparação e a reconciliação são essenciais. As religiões ocupam uma posição privilegiada para incutir as virtudes do autocontrole, da justiça e amor ao próximo e do reconhecimento dos erros cometidos. Sabiamente, Buda nos diz: "Mais glorioso não é quem vence em batalhas milhares de homens, granjeando assim milhares de inimigos, mas sim quem vence a si mesmo" (*Dhammapada* 103, in *Canone Buddista,* Torino 1968, p. 112). O Senhor Jesus Cristo nos dá o mandamento perfeito do amor: "Ama a teu próximo como a ti mesmo" (Mt 22:39).

A reconciliação é particularmente difícil depois de uma guerra. Os que declaram guerra geralmente dizem que, por meio dela, querem "resolver" problemas. Mas deixam em seu rastro vítimas e despojos de destruição que não facilitam a reconciliação, a menos, naturalmente, que estivessem buscando a paz fria e silenciosa dos cemitérios.

Todas as pessoas de boa vontade, e especialmente os seguidores de todas as religiões, são chamadas a transcender a cultura da guerra e a instituir a cultura da paz. Onde existe realmente um problema humano, ali deve haver uma forma pacífica e honrosa de resolvê-lo. A guerra não é inevitável. A indústria de armamentos e o tráfico de armas, que é o seu produto quase inevitável, deve dar lugar a investimentos na agricultura e na indústria, construindo assim uma economia em benefício de todos. Espadas devem ser transformadas em arados e lanças em foices (cf. Is 2:4).

Se as religiões não promoverem a reconciliação, quem o fará?

O Peso da História:
Cura das Memórias Históricas

A reconciliação não é uma virtude fácil quando memórias históricas pesam sobre um povo. A pesada carga de opressão, violência, conflito ou guerra que causou muito sofrimento para os ascendentes de muitos não pode ser esquecida facilmente. Ela deixa resíduos de medo, desconfiança, divisão e às vezes de ódio entre famílias, grupos étnicos ou populações inteiras. A lógica humana freqüentemente cede à tentação de vingar-se, de fazer os agressores, ou seus filhos, pagarem caro por seus atos, de ensinar-lhes uma lição que jamais esquecerão.

Essas são realidades duras que submetem a um difícil teste a boa vontade de todos os que promovem a reconciliação. Uma solução é possibilitar uma leitura correta da história. A história de conflitos com outros povos deve ser escrita e lida com imparcialidade. Essa não é uma recomendação fácil. Ela exige o esforço de tentar compreender por que o outro povo sente como sente. Em geral, a história é escrita pelo vencedor ou pelo grupo dominante. Para ser verdadeiramente objetiva, ela precisa levar em consideração o conhecimento de todas as partes envolvidas. Raramente os erros estão apenas num dos lados. Os relatos históricos nacionais devem portanto ficar atentos com relação à tendência de tomar partido a favor de um ou outro país, grupo étnico ou religião.

O respeito por diferenças é outra recomendação útil para relações verdadeiras. Negar diferenças é negar a identidade do outro. E mesmo quando a supressão das diferenças parece um sucesso, muitas vezes trata-se apenas de paz aparente, porque cria-se uma situação volátil, normalmente prelúdio de novas explosões de desentendimentos, tensões ou violências. Situações históricas desagradáveis precisam ser tratadas com honestidade e coragem moral.

Por mais difícil que seja o esforço para sanar as lembranças históricas, é dever das religiões para com a humanidade envolverem-se juntas nessa tarefa com o objetivo de construir uma paz justa e duradoura. Aceitar o passado é condição para encarar realisticamente o futuro. Sinceridade e verdade são absolutamente necessárias. Erros passados devem ser reconhecidos e lamentados. O perdão deve ser buscado e concedido. Só assim a verdadeira reconciliação estará firmemente estabelecida.

O Exercício da Autocrítica e do Pedido de Perdão

As várias religiões precisam aprender o difícil exercício da autocrítica e do pedido de perdão. Quanto mais praticarem isso individualmente e em conjunto, tanto melhor pavimentarão o caminho para a paz.

A aceitação do erro onde ele existe, a disposição a fazer uma autocrítica, a saber pedir e dar perdão, e o desejo de buscar a reconciliação são virtudes extremamente necessárias para uma paz verdadeira e duradoura. A capacidade de se arrepender e de pedir perdão não é um sinal de fraqueza, mas sim de força moral. Ninguém deve presumir que nunca erra. E nenhuma religião deve partir da premissa de que todos os seus adeptos sempre viveram segundo as exigências mais elevadas dos seus ideais.

No dia 12 de março de 2000, na Basílica de São Pedro, no Vaticano, o papa João Paulo II presidiu uma cerimônia da Igreja Católica que teve por objetivo mostrar como os fiéis podem fazer um exame de consciência e pedir perdão a Deus e aos seus semelhantes. Ele já havia explicado, em 1994, o significado dessa cerimônia. Nas palavras do Papa, "é justo que a Igreja assuma com maior consciência o peso do pecado dos seus filhos, recordando todas aquelas circunstâncias em que, na história, eles se afastaram do espírito de Cristo e do seu Evangelho, oferecendo ao mundo, em vez do testemunho de uma vida inspirada nos valores da fé, o espetáculo de modos de pensar e agir que eram verdadeiras formas de antitestemunho e de escândalo. Embora sendo santa pela sua incorporação em Cristo, a Igreja não se cansa de fazer penitência: ela reconhece sempre como próprios, diante de Deus e dos homens, os filhos pecadores" (*Tertio Millennio Adveniente*, 33).

Jesus Cristo perdoou os que o estavam crucificando. Orou por eles: "Pai, perdoa-lhes: não sabem o que fazem" (Lc 23:34). As religiões devem ensinar as pessoas a fazerem o mesmo, a perdoar e a promover a reconciliação (cf. João Paulo II, *Mensagem para o Dia Mundial da Paz,* 2001, nº 21). Se todas as famílias religiosas se envolvessem num exercício como esse, uma importante purificação de coração, uma visão humilde da história e das outras pessoas e uma maior consciência de solidariedade humana ajudariam a levar o mundo a uma harmonia maior e à paz.

Refletimos neste capítulo sobre algumas formas práticas pelas quais as religiões podem impulsionar a causa da paz, individual ou coletivamente. Mas há outra atividade que, por sua fundamental importância, pede um capítulo só para si: a oração pela paz, que absorverá toda a nossa atenção a seguir.

SETE

As Religiões e a Oração pela Paz

Por sua própria natureza, a religião tem relação com o que é mais profundo na natureza humana. Falamos do espírito, do coração, da mente, do interior da pessoa. A religião diz respeito, em primeiro lugar, às relações entre o ser humano e Deus Criador e, em segundo, às relações com as outras pessoas e com a criação. A oração é uma das dimensões mais importantes da religião.

Na contribuição das religiões do mundo à paz, não se pode omitir a questão da oração. Entretanto, considerando a grande diversidade religiosa que existe no mundo, é preciso proceder com cautela ao examinar este assunto.

O QUE É A ORAÇÃO?

Cada religião tem conceitos e tradições próprios da oração. Em geral, elas fazem referência ao ser humano buscando ou entrando em contato com Deus Criador, com o Ser Supremo ou, pelo menos, com um ser superior. Os budistas, devido à natureza da sua tradição, falam mais de meditação do que de oração.

Por eu ser cristão, acho melhor explicar brevemente o significado da oração no Cristianismo. O leitor que pertence a outro credo religioso pode refletir sobre o sentido da oração na sua tradição. Com isso, a nossa análise da contribuição das religiões à paz através da oração será mais fecunda.

Para o cristão, a oração é a elevação da mente e do coração a Deus. A alma que ora das profundezas de um coração humilde e contrito procura pôr-se na presença de Deus, pedindo a dádiva do contato com Deus. "Para mim", diz Santa Teresinha de Lisieux, "a oração é uma onda do coração; é um simples olhar voltado para o céu; é um grito de reconhecimento e amor, abarcando tanto o sofrimento como a alegria" (*Manuscrits Autobiographiques,* C 25r).

A oração pode ser expressa por palavras, gestos, aspirações, ou apenas pela elevação da alma sem articulação de palavras. Como um dos mais sublimes atos do ser humano, a oração emana da alma, do espírito ou, em termos mais visuais, do coração. Aqueles cujo coração está distante de Deus não oferecem a melhor das orações. Deus conhece o nosso coração antes mesmo de orarmos; apesar disso, é útil abrirmos o nosso coração a Deus. O coração é o lugar dos desejos, da decisão, da verdade, do encontro com Deus. É no coração que a pessoa escolhe a vida ou a morte, que escolhe dizer sim a Deus e obedecer aos seus mandamentos, ou que resolve abandonar a Deus, a fonte da água viva, e cavar para si cisternas furadas que não podem conter água. É no coração que a pessoa escolhe amar o próximo e procurar a reconciliação e a paz, ou opta por uma atitude contrária (cf. Jr 2:13; *Catecismo da Igreja Católica,* 2563).

Além disso, a oração cristã é entendida como comunhão com Deus, como uma relação do homem com Deus, que é Pai, Filho e Espírito Santo. Deus toma a iniciativa. O Espírito Santo nos guia à oração. A oração cristã é geralmente oferecida a Deus Pai, através de Jesus Cristo, seu Filho, na unidade do Espírito Santo, embora se possa também rezar para Cristo ou para o Espírito Santo.

As intenções abrangidas pela oração são tão amplas quanto os atos essenciais da religião, especificamente adoração, louvor, ação de graças, súplica e propiciação pelas ofensas cometidas. Para um cristão, a oração-modelo é o "Pai-Nosso", ensinado pelo próprio Jesus Cristo, e que inclui sete invocações que contêm tudo o que podemos pedir a Deus.

Há muitas formas de oração cristã: a oração litúrgica, isto é, a oração oficial em nome da Igreja (composta pelos sacramentos, por outros rituais públicos e pelo Ofício Divino); as orações devocionais pessoais ou comunitárias; a meditação, a contemplação, a adoração silenciosa e a oração de intercessão.

Como sugerimos anteriormente, os adeptos de outras religiões podem examinar agora o que as suas tradições ensinam sobre a oração. Assim, as reflexões a seguir farão mais sentido.

Contribuições Preciosas da Oração

Algumas tradições religiosas falam em meditação e em oração. Para elas, meditação denota uma reflexão calma sobre as verdades essenciais da religião, sobre eventos que afetam a vida humana sobre a Terra, sobre o propósito da existência humana, sobre questões morais, sobre Deus Criador, que por si só explica toda a realidade criada e sobre a peregrinação terrena do homem, sua direção e término. Para essas religiões, a meditação é uma preparação importante para a oração e uma introdução imediata a ela.

Na oração, a alma humana faz um grande esforço voltado à sinceridade, à honestidade, à verdade, à humildade e à aceitação da responsabilidade pessoal. Na dimensão vertical das relações com Deus, a alma em oração reconhece Deus como Criador, como Aquele cuja vontade as pessoas devem seguir se querem tranqüilidade na sociedade e como Aquele que é ofendido por pecados de todas as espécies. Pela oração — intensa, humilde, confiante e perseverante — a alma se abre à ação redentora de Deus. A meditação e a oração ajudam os fiéis a refletirem, a se verem como são, e não apenas como gostariam de ser vistos. A conseqüência é que o ofensor se dispõe melhor a reconhecer os erros, a se arrepender, a pedir perdão, em vez de apelar para desculpas e justificativas sem sentido. Essa atitude é muito propícia para a paz.

Na dimensão horizontal do relacionamento com outros seres humanos, a meditação e a oração nos ajudam a reconhecer os direitos dos outros, a compreender que temos deveres com relação a eles e a aceitar os deslizes em nossas ações. A estima mútua, a aceitação das pessoas com todas as suas diferenças e o amor ao próximo é tudo o que podemos esperar de uma meditação e oração sinceras. Elas são sumamente proveitosas para a paz.

A meditação e a oração devem também ajudar a pôr as pessoas numa atitude adequada com relação aos bens da Terra criados por Deus para uso de todos.

Paz, uma Dádiva a Ser Obtida por Meio da Oração

Do que se acabou de dizer, segue-se que uma ação importante das religiões na educação para a paz é convencer seus adeptos da necessidade da oração para a paz. Não devemos esquecer que, antes de ser produto da atividade humana, acima de tudo a paz é uma dádiva que precisamos pedir a Deus. Quando o papa João Paulo II convidou representantes das várias religiões do mundo para rezarem pela paz em Assis, em 1986, o Ano Internacional da Paz, um jornal publicou um editorial com o seguinte título: "Não é suficiente rezar pela paz; é preciso trabalhar por ela." Mas o que o Papa queria enfatizar era a dimensão contrária: "Não é suficiente trabalhar pela paz; é preciso rezar por ela!" A oração nos faz compreender tanto a nossa fraqueza quanto a nossa força: a nossa fraqueza, porque somos criaturas frágeis limitadas na nossa compreensão e pecadoras; a nossa força, porque não estamos sós; somos ajudados pelo Criador, que não nos abandonará. Assim, a oração cria as condições de humildade e esperança que podem sustentar as ações em favor da paz.

Sem dúvida, o Papa aprecia a importância dos governos e das relações internacionais na promoção da paz. Mas a sua intenção ao convocar para o Dia Mundial de Oração pela Paz, em Assis, foi ressaltar a importância da oração. No discurso de abertura à assembléia inter-religiosa, ele disse: "O encontro de tantos líderes religiosos para rezar é em si mesmo um convite, hoje, para que o mundo tome consciência de que existe uma outra dimensão de paz e um outro meio de promovê-la que não é resultado de negociações, de compromissos políticos ou de barganhas econômicas. É o resultado da oração que, na diversidade das religiões, expressa uma relação com um poder supremo que ultrapassa as nossas capacidades humanas por si sós" (*Discurso de Abertura, in* Comissão Pontifícia Justiça e Paz, *Assis: Dia Mundial de Oração pela Paz*, p. 87).

O próprio Jesus Cristo, o "Príncipe da Paz" (Ef 2:14), deixou claro a seus discípulos que a paz é um dom de Deus: "Deixo-vos a paz, a minha paz vos dou; não vo-la dou como o mundo a dá" (Jo 14:27).

DISPOSIÇÕES PARA A PAZ ALIMENTADAS PELA ORAÇÃO

Reunindo as contribuições para a paz oferecidas pela oração, podemos relacioná-las assim:

A oração ajuda a abrir o coração humano a Deus, o Altíssimo, e aos seus mandamentos, os seus caminhos, as suas leis escritas no coração ou na consciência humana.

A oração ajuda as pessoas a se abrirem ao próximo, a estabelecerem contatos adequados com ele em relações de respeito, compreensão, estima e amor. Por isso o papa João Paulo II diz em sua *Mensagem para o Dia Mundial da Paz*, 1992: "A oração é o vínculo que mais eficazmente nos une: é através da oração que os fiéis encontram uns aos outros num nível em que desigualdades, desentendimentos, amargura e hostilidade são vencidos, isto é, diante de Deus, Senhor e Pai de todos. A oração, como verdadeira expressão de uma relação correta com Deus e com os outros, já é uma contribuição positiva para a paz" (*Mensagem,* 4).

Uma atitude de oração ensina às pessoas o valor relativo das coisas deste mundo. A maioria das religiões incute algum grau de desapego das coisas terrenas, alguma forma de ascetismo ou autocontrole espiritual. Isso é proveitoso para a construção da paz, quando lembramos que muitos conflitos se devem à ambição das pessoas, ao seu desejo descontrolado de bens terrenos e à sua má vontade quando se trata de compartilhá-los com os outros.

O caminho para a paz é lento e, freqüentemente, acidentado. Exige paciência, perseverança, humildade e disposição para recomeçar sempre de novo. A meditação e a oração são muito eficazes para desenvolver essas virtudes.

É de surpreender que muitos fiéis reconheçam que, para haver paz, é preciso rezar?

OS FIÉIS SE REÚNEM PARA REZAR

Pelas razões acima mencionadas, os fiéis das diversas religiões vêem a necessidade não apenas de rezar individualmente, e em suas respectivas comunidades religiosas, mas também de se reunirem em algumas ocasiões especiais para rezar pela paz.

O momento mais impressionante em que os adeptos de muitas religiões se reuniram para rezar pela paz foi no Dia Mundial de Oração pela Paz, em Assis, em 27 de outubro de 1986, a convite do papa João Paulo II. Dois meses depois, na Locução de Natal, explicando o significado do evento aos cardeais e demais funcionários da Cúria Romana, o Papa disse: "Em Assis, de forma extraordinária, nós descobrimos todo o valor singular da oração para a paz; com efeito, vimos que é impossível haver paz sem oração, a oração de todos, cada um na sua própria identidade e na busca da verdade... Podemos realmente afirmar que toda verdadeira oração é inspirada pelo Espírito Santo, que está misteriosamente presente no coração de cada um" (Locução do dia 22 de dezembro de 1986, in Comissão Pontifícia Justiça e Paz, *Dia Mundial de Oração pela Paz em Assis,* Roma, 1986, p. 146).

Em janeiro de 1993, novamente o Papa convidou cristãos, judeus e muçulmanos.da Europa para voltarem a Assis e rezarem pela paz na Europa, e especialmente nos Bálcãs.

Em 1999, no contexto de um encontro de quatro dias de duzentos representantes de vinte e duas religiões, na cidade do Vaticano, foi programado um período de duas horas de orações para cada religião, em lugares separados.

As religiões do Japão — budistas, xintoístas, católicos e protestantes — seguindo o exemplo do evento de Assis de 1986, organizaram no monte Hiei, em Quioto, em 1987, um encontro de religiões para rezar pela paz. Uma comemoração anual vem sendo realizada desde então, em torno do dia do aniversário do lançamento da bomba atômica sobre Hiroshima e Nagasaki.

A comunidade de Santo Egídio, uma associação católica leiga com sede em Roma, organiza um encontro anual de pessoas de várias religiões para refletir sobre a paz e rezar. Adiante comentaremos mais sobre isso.

Há muitos grupos locais ao redor do mundo que estão convencidos de que não é suficiente discutir a paz, mas que também devemos rezar por ela. As orações desses grupos assumem muitas formas. Com efeito, o desejo de seguidores das diferentes religiões de rezar juntos está aumentando, tornando necessário que digamos agora uma palavra sobre a oração inter-religiosa.

A Oração Inter-Religiosa, Sim e Não

O desejo que as pessoas que crêem em Deus têm de orar deve ser louvado e incentivado. É correto e adequado que nós, criaturas, reconheçamos nossa dependência em relação a Deus e, de joelhos, oremos humildemente. A paz, como já dissemos, é em primeiro lugar e acima de tudo um dom que pedimos a Deus; só depois é fruto dos esforços humanos.

O desejo de rezar juntos também é bom. Nós, seres humanos, somos sociais por natureza. Nenhum de nós é uma ilha.

Deve-se considerar, entretanto, que oração e fé estão intimamente relacionadas. A fé se manifesta na oração. E a oração fortalece a fé e a articula.

Enquanto as pessoas acreditam nas mesmas coisas, elas podem participar da mesma oração. A forma mais normal de oração, portanto, é a que teve origem e se desenvolveu numa comunidade de fé particular e que, portanto, tem características próprias. Assim, podemos falar em oração judaica, oração muçulmana, oração cristã, e até em oração católica.

Todos os cristãos acreditam num Deus em três Pessoas: Pai, Filho e Espírito Santo; e em Jesus Cristo, Filho de Deus, Deus e Homem, Salvador de toda a humanidade. Por isso, a oração cristã tem um caráter trinitário: geralmente, ela é dirigida, como já foi dito, ao Pai, através de Jesus Cristo, seu Filho, na unidade do Espírito Santo. Católicos, ortodoxos, anglicanos, presbiterianos, luteranos, batistas e outros cristãos têm, cada um, suas orações e rituais de culto específicos. Em ocasiões especiais, eles podem realizar orações ecumênicas. Se essas orações assumem um caráter formal ou oficial, é necessária a aprovação dos respectivos líderes religiosos. Isso geralmente não causa maiores problemas quando os textos são cuidadosamente preparados por pessoas competentes.

Problemas teológicos surgem, porém, quando cristãos, muçulmanos, hindus e pessoas de religiões tradicionais querem fazer a mesma oração juntos. Em geral, não há problema se numa função social, como uma sessão cívica, um banquete, um evento para arrecadar fundos, o dirigente pede a alguém de uma das religiões que presida a oração de abertura ou de encerramento. Se o convidado compõe uma oração de caráter geral, que todas as pessoas presentes podem sinceramente oferecer, elas não terão maior dificuldade em responder "Amém".

Problema maior acontece com orações inter-religiosas formais em festejos de dias nacionais, tempos de guerra, celebrações de agradecimento ou orações solenes públicas pela paz. Mesmo supondo que todos os participantes professem o monoteísmo e rezem ao mesmo Deus, ainda continuam os problemas do conteúdo da oração, e especialmente do real perigo de escândalo que seria causado pelo surgimento ou risco de relativismo e sincretismo, seja real ou meramente aparente. O relativismo é um erro teológico segundo o qual uma religião é tão boa quanto outra. O sincretismo é o erro de tomar elementos de várias religiões para construir e oferecer algo novo. Por essas razões, não é aconselhável a oração inter-religiosa sob a forma de busca de fórmulas comuns.

Há outra possibilidade de oração comum com a presença de seguidores de várias religiões: as pessoas de uma religião rezam a seu modo, enquanto as outras mantêm-se em atitude de reverência. Em seguida, os adeptos das outras religiões fazem as respectivas orações. Embora sujeita a menos objeções do que a oração inter-religiosa estrita, essa modalidade também tem suas dificuldades. É fácil as pessoas não a compreenderem e interpretá-la mal. É preciso cuidado. Os líderes religiosos não devem faltar com seu dever de estar atentos e disponíveis.

Nas orações pela paz, é melhor e mais seguro que cada tradição religiosa reze num lugar separado de acordo com a sua identidade. No entanto, as sugestões a seguir podem ser úteis para um estudo sobre as formas mais apropriadas das orações inter-religiosas pela paz: devem ser previstos períodos de oração silenciosa. Já testemunhei excelentes resultados desse modo de rezar em encontros de pessoas de várias religiões. O silêncio favorece a interiorização, a reflexão e a elevação da mente e do coração a Deus. Ele tanto possibilita que as pessoas sejam plenamente elas mesmas quanto, ao mesmo tempo, que realizem um ato religioso em conjunto. Alguns símbolos, como os de representantes das religiões participantes acenderem velas, a troca de sinais de amizade ou paz, e alguma forma de expressão do comprometimento conjunto para a harmonia podem ser de grande proveito.

Precisamos agradecer a Deus o fato de as pessoas estarem compreendendo cada vez mais a necessidade da oração pela paz.

OITO

Algumas Iniciativas Inter-Religiosas para a Paz

Nas páginas precedentes, em geral nos concentramos no que as religiões podem, ou devem, fazer para promover a paz. Uma ou outra vez apenas mencionamos o que realmente fizeram nesse sentido. Neste capítulo, mesmo correndo o risco de alguma repetição, parece justo relacionar algumas iniciativas e projetos inter-religiosos mais notáveis em prol da paz efetivamente empreendidos nas últimas três décadas. A lista não pretende ser exaustiva, mas esperamos que seja suficiente para mostrar que as religiões não estiveram ociosas. Ela também pode servir de estímulo para novas ações. Tanto quanto possível, seguiremos a ordem cronológica na listagem dessas iniciativas.

Conferência Mundial Sobre
Religião e Paz

A Conferência Mundial sobre Religião e Paz (W.C.R.P., World Conference on Religion and Peace) foi instalada em 1968 por cristãos, budistas, muçulmanos, judeus e hindus com o objetivo de promover a colaboração entre adeptos de várias religiões a favor da paz. A W.C.R.P. é reconhecida pela Organização das Nações Unidas como uma Organização Não-Governamental. Ela toma iniciativas para promover o desarmamento, reduzir o subdesenvolvimento, reconciliar grupos em conflito, defender os oprimidos e expandir a educação para a paz. Por exemplo, ela se empenhou pela paz e pela reconciliação na Bósnia-Herzegovina, em Kosovo, na Serra Leoa, na Etiópia e Eritréia, na Libéria e no Oriente Médio.

A W.C.R.P. realizou assembléias em Quioto em 1970, na Lovaina em 1974, em Princeton, N.J., em 1979, em Nairobi em 1984, em Melbourne em 1989, em Riva del Garda em 1994 e em Amã em 1999. A cada encontro da organização aumenta o número de participantes, entre os quais chefes de governo e líderes religiosos de tradições como Budismo, Cristianismo, Confucionismo, Hinduísmo, Jainismo, Judaísmo, Islamismo, Xintoísmo, Sikhismo, religiões tradicionais e Zoroastrismo.

Além da W.C.R.P. Internacional, com sede em Nova York, existem Organizações W.C.R.P. Regionais em âmbito continental. A associação também está presente em muitos países, onde pode lançar raízes profundas e ser mais eficaz ao enfrentar problemas locais. Como exemplo do que tem sido feito, posso mencionar uma das iniciativas tomadas pelo Capítulo Japonês da W.C.R.P. Em novembro de 1992, ela reuniu um grupo de árabes (cristãos e muçulmanos) e judeus para refletir sobre o conflito no Oriente Médio. Os participantes reconheceram que os japoneses, sendo neutros, podiam dar uma grande contribuição promovendo esse encontro.

A W.C.R.P. é uma prova, se alguma fosse necessária, de que é possível os fiéis das principais religiões do mundo se unirem para realizar algo que promova a justiça e a paz, sem necessariamente discutir suas crenças e práticas religiosas particulares.

DIA MUNDIAL DE ORAÇÃO PELA PAZ EM ASSIS, EM 1986

Em 27 de outubro de 1986, o papa João Paulo convidou representantes das principais religiões do mundo para um encontro em Assis com o objetivo de rezarem e jejuarem em favor da paz, como parte das comemorações pelo Ano Internacional da Paz declarado pelas Nações Unidas.

A resposta foi entusiástica. Além de representantes das várias confissões do Cristianismo, reuniram-se em Assis líderes judeus, budistas, muçulmanos, hindus, xintoístas, *sikhs*, jainistas, bahaístas, zoroastristas e das religiões tradicionais. Os muçulmanos vieram de países como Turquia, Arábia Saudita, Índia, Bangladesh, Paquistão, Líbia, Argélia, Marrocos e Costa do Marfim.

Na celebração de Assis, cada família religiosa rezou separadamente segundo a sua própria tradição. A celebração atraiu a atenção do mundo para o fato de que, para haver paz, precisamos não apenas de governos, das Nações Unidas, de negociações, mas também da oração, da religião e da ajuda de Deus Todo-Poderoso.

O evento de Assis inspirou outras iniciativas, como logo relataremos. Além disso, embora em escala menor, houve outra celebração em Assis em janeiro de 1993, durante a guerra nos Bálcãs. O papa João Paulo II, junto com os bispos católicos europeus, organizou uma vigília, um jejum e uma missa solene em Assis com a intenção de rezar pela paz na Europa, especialmente nos Bálcãs. Representantes de várias denominações cristãs, e também líderes das comunidades judaicas e muçulmanas foram convidados para esse fim de semana de orações. A participação muçulmana nessa ocasião foi muito significativa.

RELIGIÕES DO JAPÃO ORGANIZAM ORAÇÕES PELA PAZ

Em 1987, os budistas japoneses estavam se preparando para celebrar o duodécimo centenário da chegada do Budismo ao Japão. Mas o Dia Mundial de Oração pela Paz em Assis, em 1986, inspirou-lhes a idéia de ampliar o escopo das celebrações. Sob a liderança do venerável Etai Yamada, abade do mosteiro budista do Monte Hiei, perto de Quioto, as religiões do Japão (Budismo, Xintoísmo, Catolicismo e Protestantismo) convidaram representantes das principais religiões do mundo para orações pela paz em Monte Hiei. A data escolhida para o evento foi o início de agosto, para coincidir com as cerimônias relacionadas com o lançamento da bomba atômica sobre Hiroshima e Nagasaki, ocorrido nos dias 6 e 9 de agosto de 1945. A celebração aproveitou muitas idéias do evento de Assis de

1986 e emitiu fortes e inequívocos sinais de que as religiões são a favor da paz.

Todos os anos, no mês de agosto, as religiões do Japão se reúnem para rezar pela paz nas duas cidades onde os horrores da guerra ainda são particularmente visíveis. O décimo aniversário da celebração, em 1977, foi especialmente solene. Durante a minha visita a Hiroshima, a frase que não me saía da cabeça era a que estava escrita na placa comemorativa: "Hiroshima nunca mais."

A Comunidade de Santo Egídio

Uma associação católica leiga sediada em Roma, a Comunidade de Santo Egídio, iniciada por pessoas jovens em 1968, desenvolve, através de uma organização específica para esse fim, "Pessoas e Religiões", uma colaboração cada vez maior em favor da paz entre os adeptos das várias religiões. Membros da Comunidade de Santo Egídio contribuíram com aspectos práticos para o Dia Mundial de Oração pela Paz, em Assis, em 1986. Depois, responderam ao apelo do papa João Paulo II para manter vivo "o espírito de Assis". "Pessoas e Religiões" reuniu representantes ilustres das religiões do mundo, junto com chefes de Estado e outros líderes de governos ou de organizações internacionais, para refletirem sobre ações em prol da Paz. Esses encontros têm sido anuais, desde 1987, em Roma, Varsóvia, Bari, Malta, Bruxelas, Milão, Pádua, Veneza, Bucareste e Lisboa.

A programação dessas convenções gira em torno de assembléias plenárias, discussões em pequenos grupos divididos por temas ou por países envolvidos nos conflitos em curso, orações feitas pelas várias religiões separadamente e uma sessão de encerramento em que é lida uma declaração sobre a paz e sinais de paz são trocados. O fato de que a cada ano aumenta o número de participantes e de chefes de Estado ou de seus representantes é prova evidente do apoio e da credibilidade que essas convenções estão conquistando.

O sucesso mais notável obtido pela Comunidade de Santo Egídio na construção da paz foi a sua intermediação entre o governo e as organizações guerrilheiras em Moçambique. Mas a organização tem trabalhado para promover a paz também na Argélia, na República Democrática do Congo, na Guatemala e em Kosovo. Ela também desenvolveu contatos ecumênicos muito proveitosos com as igrejas ortodoxas na Romênia e em Constantinopla, por exemplo.

O Movimento dos Focolares

A Obra de Maria, popularmente conhecida como Movimento dos Focolares, com sede em Rocca di Papa, perto de Roma, é um movimento católico leigo que tem como objetivo viver o carismá da unidade e do amor de acordo com o Evangelho. De um início modesto em 1943, o movimento veio se expandindo com o passar do tempo e, nas duas últimas décadas, promoveu muitos contatos ecumênicos e inter-religiosos.

Os membros do Movimento dos Focolares também deram uma grande ajuda na organização da Oração pela Paz em Assis, em 1986.

No campo ecumênico, o Movimento mantém contatos fecundos com o Patriarca Ecumênico de Constantinopla, com o Arcebispo de Canterbury e com muitos luteranos na Alemanha.

Contatos inter-religiosos foram aos poucos sendo estabelecidos com uma organização budista, a Rissho Kosei-Kai, e com os muçulmanos afro-americanos nos Estados Unidos. Chiara Lubich, fundadora do Movimento dos Focolares, foi convidada para falar em encontros de budistas no Japão, num mosteiro e universidade budista na Tailândia e numa mesquita no Harlem, Nova York. Mais recentemente, ela foi convidada para proferir uma palestra a hindus em Coimbatore e em outros lugares da Índia.

O movimento também criou uma rede de amigos muçulmanos que seguem os ideais do movimento cristão, permanecendo fiéis à sua própria religião. Fazem parte dessa rede, inclusive, habitantes da devastada Argélia.

O Movimento dos Focolares atua dando testemunho e vivendo os gestos cristãos de estima e amor, mais do que envolvendo-se em esforços diretos pela construção da paz. Mas não há dúvida de que a sua contribuição é uma pedra importante no alicerce da catedral da paz.

Outras Iniciativas
pela Paz

Uma lista de iniciativas pela paz promovidas pelas religiões, como a que me propus elaborar, será inevitavelmente incompleta. Por isso, mesmo rapidamente, vou mencionar alguns outros passos positivos dados por pessoas de fé que, de um modo ou de outro, ajudam a construir a paz.

O Centro para Ação de Graças Mundial [Center for World Thanksgiving], em Dallas, Texas, promove agradecimentos em todos os níveis, mas especialmente entre religiões e por meio das religiões. Em 20 de novembro de 1997, o Centro conseguiu convencer a Assembléia Geral das Nações Unidas a declarar o ano de 2000 o Ano Internacional de Ação de Graças. O espírito que ele desperta ajuda a construir a paz.

A Rede Inter-Religiosa para o Reino Unido [Inter-Faith Network for the United Kingdom] trabalha para desenvolver boas relações entre as comunidades de todas as principais religiões no Reino Unido: Bahaísmo, Budismo, Cristianismo, Hinduísmo, Jainismo, Judaísmo, Islamismo, Sikhismo e Zoroastrismo. Compõem a rede mais de oitenta grupos de filiados. Seu objetivo é tornar a Grã-Bretanha um país que se destaque pelo entendimento mútuo e pelo respeito entre religiões. A Rede é um sinal de esperança no caminho da harmonia e da paz.

Em agosto de 2000, algumas pessoas tomaram a iniciativa de reunir milhares de representantes da maioria das religiões do mundo num encontro de quatro dias em Nova York. A Cúpula Mundial do Milênio pela Paz [Millennium World Peace Summit of Religious and Spiritual Leaders], de que participaram líderes religiosos e espirituais de todo o mundo, teve como prioridade a promoção da paz mundial. Mesmo que não se possa esperar muito de discussões entre tantas pessoas em tão poucos dias, foi evidente o sinal dado ao mundo de que seguidores de muitas religiões querem a paz.

Mesmo reconhecendo que diferenças religiosas podem agravar conflitos, essas e muitas outras iniciativas não mencionadas de adeptos de várias religiões demonstram a convicção de que há esperança de que muitos valores morais, compartilhados além das fronteiras religiosas, possam fornecer uma base para que comunidades e Estados vivam juntos em harmonia e paz. E essas iniciativas são formas práticas de realizar algumas ações para transformar essa harmonia e paz em realidade.

Exemplos de Harmonia Inter-Religiosa

Fechamos este capítulo com uma relação de alguns exemplos felizes de harmonia, maior justiça e paz que são decorrência de ações inter-religiosas.

⁕ No Reino Unido, muçulmanos se juntam a cristãos, através da Sociedade para Proteção de Crianças em Gestação, a fim de lutar contra o aborto.

⁕ Na Bósnia-Herzegovina, líderes cristãos, judeus e muçulmanos se esforçam para promover a reconciliação.

⁕ Nas Filipinas, o Movimento pelo Diálogo Cristão-Muçulmano Silsilah, em Zamboanga, está envolvido em vários projetos de educação para pobres, de construção de casas para os sem-teto, de proteção da dignidade da mulher e de alimento aos famintos. E na ilha de Jolo, no mesmo país, cristãos e muçulmanos fizeram demonstrações juntos quando um jovem foi seqüestrado e decapitado.

≈ No Paquistão, a Comissão Nacional para Relações Cristão-Muçulmanas patrocina e ajuda centros de desintoxicação e reabilitação, asilos para leprosos e realiza ações de socorro aos pobres. No mesmo país, cristãos e muçulmanos fazem demonstrações conjuntas contra a inclusão da denominação religiosa na cédula de identidade dos cidadãos e contra a Lei da Blasfêmia, que pode ser facilmente desrespeitada.

≈ Na Índia, integrantes hindus e cristãos de um grupo de diálogo atuaram juntos para acalmar os ânimos por ocasião da destruição da mesquita Ayodya.

≈ No Japão, a Associação Budista Rissho Kosei-kai incentiva os seus membros a se absterem de uma refeição por semana e doarem o dinheiro para países pobres. Ela também envia equipes de pessoas para trabalhar com refugiados em Ruanda.

≈ Na Serra Leoa, líderes religiosos cristãos e muçulmanos atuam como mediadores para a reconciliação e a paz entre o governo e a R.U.F.

≈ Quando a Etiópia e a Eritréia estavam em guerra, líderes religiosos — ortodoxos, católicos, evangélicos e muçulmanos — fizeram um apelo conjunto pela paz em setembro de 1998.

≈ Durante a Guerra do Golfo, em janeiro-fevereiro de 1991, em muitas cidades da Europa e do norte da África, cristãos e muçulmanos, e às vezes judeus, reuniam-se para rezar e fazer declarações conjuntas em favor da justiça e da paz.

Por mais difícil que possa ser a construção da paz, não se pode dizer que as religiões estão ausentes desse processo. Com graus variados de eficácia e comprometimento, elas têm contribuído. Por eu ser católico, parece-me correto registrar agora algumas ações realizadas pela Igreja Católica para promover a paz. Isso pode estimular o leitor de outras famílias religiosas a examinar o que a sua comunidade vem fazendo nesse sentido.

NOVE

A Igreja Católica e a Promoção da Paz

A Pregação do Evangelho de Jesus Cristo

A forma mais fundamental pela qual a Igreja Católica promove a paz é a pregação do Evangelho de Jesus Cristo. Este é um Evangelho de amor ao próximo, de humildade, de justiça, de reconciliação e de serviço. É um Evangelho baseado no novo mandamento de Cristo, o do amor mútuo, de que Ele próprio foi exemplo: "Como eu vos amei, amai-vos também uns aos outros. Nisto reconhecerão todos que sois meus discípulos" (Jo 13:34–35).

Este Evangelho ensina que as pessoas terão paz e serão abençoadas se viverem o espírito das oito Bem-aventuranças (cf. Mt 5:9ss.), se forem prontas no perdoar e até no prosseguir uma milha a mais e se se converterem a Deus no interior do seu coração e o adorarem em espírito e verdade (cf. Mt 5:38–42; Jo 4:24).

A paz interior é uma dádiva de Cristo aos seus discípulos. É uma paz que o mundo não pode dar (cf. Jo 14:27). A nossa paz está em Cristo. "Ele é a nossa paz", diz São Paulo aos efésios (Ef 2:14). Cristo vem para derrubar os muros da inimizade que divide. Pelo seu sangue, derramado por todos na cruz, ele estabeleceu a paz para todos com Deus, e também a paz entre pessoas que estão separadas. Cristo veio para trazer a reconciliação e a paz. O profeta Isaías já o havia chamado de "Príncipe da Paz" (Is 9:6).

A Conversão do Coração

A conversão do coração é central na pregação e na ação da Igreja. A paz não é possível se os corações não estão convertidos para Deus e para o próximo no amor. "Dar-vos-ei um coração novo", promete-nos o Senhor através do profeta Ezequiel (Ez 36:26). Com o profeta Isaías, em documento após documento, em apelo após apelo, a Igreja pede aos que promovem a cultura da violência e da morte que transformem suas espadas em arados (cf. Is 2:4). Posições rígidas e intransigências precisam agora ser substituídas por compreensão e flexibilidade. Anos e anos de rejeição dos outros, de má vontade em dividir as coisas boas da Terra com os semelhantes e o uso indevido da religião para justificar a discriminação ou a violência devem agora, à luz de Cristo, transformar-se em arrependimento, reconciliação, perdão mútuo e amor. O Sacramento da Penitência é a reconciliação institucionalizada com Deus e com o próximo.

Uma das maiores lições que Jesus nos ensinou enquanto agonizava na cruz foi a de perdoar e de rezar pelos que o estavam crucificando: "Pai, perdoa-lhes: eles não sabem o que fazem" (Lc 23:34). A Igreja prega essa nobre doutrina, que aliás não é nada fácil. Esse é um caminho de ouro para a paz.

ENSINAMENTO SOCIAL EQUILIBRADO

A Igreja "que tem uma longa experiência nos assuntos humanos" (Paulo VI, *Populorum Progressio,* 13), desenvolveu um rico conjunto de pensamentos e ensinamentos sobre vários aspectos da vida humana e das realidades terrenas. A Igreja ajuda todos os homens e mulheres a refletirem sobre verdades referentes à vida humana na Terra, sobre a dignidade humana, sobre os direitos e deveres humanos e sobre a boa organização da sociedade. Por isso ela tem um corpo de doutrinas bem desenvolvido sobre o casamento e a família, sobre a relação capital e trabalho, sobre a autoridade como serviço, sobre o destino universal dos bens da Terra, sobre as relações entre ricos e pobres, sejam indivíduos ou Estados, sobre interdependência e solidariedade entre povos e sobre as necessidades de resolver diferenças através de negociações e discussões e não pela violência e pela guerra.

A Igreja ensina aos cristãos que cumprir os seus deveres como cidadãos é uma necessária dimensão dos seus compromissos religiosos, e condena a ação negativa de cristãos que não são bons cidadãos (cf. *Gaudium et Spes,* 43).

A autoridade deve ser entendida como serviço, a exemplo de Jesus Cristo, que veio não para ser servido, mas para servir e dar a própria vida em resgate por todos (cf. Mc 10:45). A Igreja ensina que a autoridade, em última análise, vem de Deus, e que a obediência às autoridades legais é parte do que significa ser um bom cristão (cf. Rm 13:1–7; *Catecismo da Igreja Católica* 2234-2240; *Gaudium et Spes,* 43).

Tudo isso promove vigorosamente a paz e a harmonia.

Desenvolvimento Humano Integral

A Igreja Católica se esforça para promover o desenvolvimento humano integral, o desenvolvimento das pessoas e de cada pessoa em particular (Paulo VI, *Populorum Progressio,* 14). Como afirma Paulo VI, o desenvolvimento dos povos é o novo nome da paz (*op. cit.*, 76). Por essa razão, a Igreja se empenha de várias formas para promover a boa saúde das pessoas, para dirigir instituições médicas, para defender os direitos das crianças, das mulheres, dos povos oprimidos e para adotar iniciativas práticas no campo educacional. Muitas ordens religiosas, especialmente de mulheres consagradas, foram fundadas precisamente para servir aos órfãos, aos pobres, aos idosos e aos doentes. Monges, freiras e outras pessoas consagradas prometem viver vidas de simplicidade e doação evangélicas.

É evidente que, se as pessoas estão subnutridas ou famintas ao extremo, sem casa e desempregadas; se estão doentes, sem instrução e sem seguridade social; se são oprimidas, reprimidas e exploradas, então há pouca esperança de paz. Essas pessoas desfavorecidas podem ser facilmente aliciadas por um revolucionário que prometa conduzi-las à terra prometida da igualdade, da alegria e da felicidade através dos tortuosos caminhos da revolução, da violência, do assassinato, do roubo e do combate aos ricos e à ordem estabelecida. Em resumo, está claro que, se queremos a paz, precisamos promover o desenvolvimento. A Igreja Católica se empenha em incutir essa convicção e em vivê-la na prática.

O Concílio Vaticano II e a Paz

O Concílio Vaticano II, uma assembléia solene de 3.068 bispos da Igreja Católica, realizado em quatro sessões de dois ou três meses por ano de 1962 a 1965, deu grande importância à paz em suas deliberações, especialmente em sua Constituição Pastoral sobre a Igreja no Mundo de Hoje.

Essa Constituição afirma que a mensagem do Evangelho coincide com os mais elevados esforços e aspirações do gênero humano e proclama bem-aventurados os artífices da paz, "pois serão chamados de filhos de Deus" (Mt 5:9). O Concílio convoca os cristãos a colaborarem com todos os homens na consolidação da paz entre eles, baseada na justiça e no amor, e na preparação dos instrumentos para a paz (cf. *Gaudium et Spes, 77*).

A paz não é a mera ausência de guerra, nem se reduz ao simples equilíbrio de forças entre adversários. A paz é obra da justiça (cf. Is 32:17). É fruto da ordem que o seu Fundador divino inseriu na sociedade humana e que deve ser atualizada, em perfeição progressiva, pelos homens que têm sede de justiça.

A paz nunca é conquistada de uma vez e assegurada para sempre; ela tem de ser construída incessantemente. Para construir e manter a paz são de todo indispensáveis uma vontade séria de respeitar os outros homens e povos e sua dignidade, bem como o exercício diligente da fraternidade e da solidariedade.

O Concílio aplaude aqueles que, para reivindicar seus direitos, renunciam ao emprego da violência e recorrem aos meios de defesa que também estão ao alcance dos mais fracos, "contanto que isso seja viável sem lesar direitos e obrigações de outros ou da comunidade" (*Gaudium et Spes,* 78).

O Concílio lamenta que, apesar de guerras recentes terem assolado o mundo com pesadíssimos prejuízos materiais e morais, os conflitos ainda prosseguem diariamente em alguma parte do globo produzindo efeitos devastadores. Armas modernas ameaçam levar os combatentes a uma barbárie que supera em muito a de outros tempos (nº 79). Além disso, a corrida armamentista é uma armadilha absolutamente traiçoeira para a humanidade, lesando intoleravelmente os pobres (nº 81).

A guerra deve ser interditada e ações internacionais para evitá-la devem ser intensificadas (nº 82).

Conselho Pontifício para a Justiça e a Paz

O Concílio Vaticano II julgou oportuna a criação de um organismo da Igreja que teria por função a promoção da justiça e da paz no mundo inteiro (cf. *Gaudium et Spes,* 90). Em 1967, o papa Paulo VI criou a Comissão Pontifícia "Justiça e Paz". Na reforma dos órgãos centrais da Igreja, a Cúria Romana, em 1988, essa subdivisão passou a chamar-se Conselho Pontifício para a Justiça e a Paz.

As atribuições desse Conselho resumem-se em trabalhar pela promoção da justiça e da paz no mundo de acordo com o Evangelho e a doutrina social da Igreja. Ele está envolvido com o aprofundamento e a propagação do pensamento social da Igreja. Ele reúne informações sobre justiça e paz, desenvolvimento ou progresso dos povos e respeito ou violação de direitos humanos. Promove a colaboração com agências e organizações envolvidas com essas questões, pertencentes ou não à Igreja. Mantém-se especialmente atenta a situações relacionadas com o direito à liberdade religiosa. Produz documentos sobre racismo, corrida armamentista, meio ambiente e, mais recentemente, sobre a doutrina social da Igreja.

O Conselho Pontifício, portanto, toma iniciativas para conscientizar as pessoas para a paz, especialmente por ocasião do Dia Mundial da Paz.

DIA MUNDIAL DA PAZ

Em 1º de janeiro de 1968, o papa Paulo VI celebrou o Dia Mundial da Paz. Ele propôs que o primeiro dia de janeiro de cada ano fosse especialmente dedicado à paz. João Paulo II continuou esse costume, e assim, no dia 1º de janeiro de 2001, celebrou-se o trigésimo quarto Dia Mundial da Paz.

Para esse evento, o Papa escreve uma *Mensagem*, geralmente de umas vinte páginas, dedicada a um tema especial. Alguns temas tratados nesses trinta e quatro anos foram os seguintes: viabilidade da paz, educação para a paz, verdade e paz, a paz como dádiva de Deus, paz e juventude, liberdade religiosa, mulheres, crianças, perdão, respeito aos direitos humanos, diálogo entre culturas.

A *Mensagem*, lindamente redigida em muitas línguas, é entregue pelos diplomatas da Santa Sé ao Secretário-Geral da Organização das Nações Unidas e aos órgãos da ONU, a chefes de Estado e de governo, a embaixadores e a chefes de organizações políticas e culturais regionais. Ela é enviada a todos os bispos da Igreja Católica para ser divulgada nas dioceses. Também é enviada a outros líderes cristãos e a alguns líderes de outras religiões.

Em Roma, o Santo Padre celebra uma missa solene em que o corpo diplomático credenciado junto à Santa Sé ocupa lugar de destaque. São oferecidas orações pela paz mundial. Muitas dioceses fazem programações especiais para a celebração local. Por esses meios, a Igreja Católica procura fazer com que a mensagem de paz seja aos poucos divulgada até chegar ao fiel no banco da igreja.

Incentivo à Colaboração Inter-Religiosa para a Paz

A Igreja Católica dá grande importância à colaboração inter-religiosa para a paz. Ela exorta os católicos a que, através do diálogo e da colaboração com seguidores de outras religiões, e como testemunho de fé e vida cristãs, promovam valores espirituais e morais e se unam a todos os adeptos da paz para defendê-la e trabalhar para instaurá-la no mundo (cf. *Nostra Aetate*, 2; *Gaudium et Spes*, 78).

O primeiro passo para promover essa colaboração é os fiéis se conhecerem melhor uns aos outros. De fato, o Conselho Pontifício para o Diálogo Inter-Religioso foi instalado em 1964 pelo papa Paulo VI, precisamente para promover esse conhecimento, objetivando o respeito mútuo e a colaboração. Esse Conselho Pontifício, e o Conselho Pontifício para a Justiça e a Paz, já apresentado, estabeleceram muitos contatos com outros cristãos, com adeptos de outros credos e também com organizações como a UNESCO e a Conferência Mundial sobre a Religião e a Paz, num esforço para educar para a paz.

O Papa incentiva com entusiasmo iniciativas semelhantes. Em sua *Mensagem para o Dia Mundial da Paz* de 1992, ele deixou isso claro: "Contatos inter-religiosos, somados ao diálogo ecumênico, parecem agora caminhos obrigatórios para assegurar que as muitas feridas dolorosas infligidas ao longo dos séculos não se repitam, e também para que feridas ainda abertas sejam rapidamente curadas. Os fiéis devem trabalhar pela paz, acima de tudo pelo exemplo pessoal da sua própria atitude interior correta, que se expressa em ação e comportamento coerentes. Serenidade, equilíbrio, autocontrole e atos de compreensão, perdão e generosidade têm uma influência pacificadora sobre o ambiente próximo das pessoas e sobre a comunidade religiosa e civil" (*Mensagem*, 6).

AÇÕES REALIZADAS POR ALGUNS PAPAS RECENTES

Uma breve referência a ações empreendidas por papas mais recentes para impedir a guerra e garantir a paz é suficiente para convencer a todos de que os papas realmente fazem o possível para promover a paz.

➥ São Pio X (1903-1914) fez tudo o que pôde para impedir a deflagração da Primeira Guerra Mundial. Não obteve sucesso e talvez isso tenha apressado a sua morte.

➥ Benedito XV (1914-1922) clamou contra essa terrível guerra desde a sua primeira Carta Encíclica, *Ad Beatissimi*, de 1º de novembro de 1914.

➥ Pio XII (1939-1958), eleito às vésperas da Segunda Guerra Mundial, envolveu-se pessoalmente desde o início para impedir esse novo flagelo e, quando a guerra infelizmente eclodiu, para reduzir os seus horrores e ao mesmo tempo indicar caminhos para a sua solução. Suas Mensagens Radiofônicas de Natal durante os anos de guerra eram famosas. (Naquele tempo não havia televisão.) Famosa é a Radiomensagem, já citada, de 24 de agosto de 1939: "Nada se perde com a paz. Tudo se pode perder com a guerra."

~~~ O abençoado papa João XXIII (1958-1963), em 1962, durante a crise de mísseis em Cuba, entre os Estados Unidos e a União Soviética, interveio para evitar o que poderia ter sido uma guerra nuclear. No ano seguinte, ele publicou a sua Carta Encíclica *Pacem in Terris,* sobre a paz dos povos na base da verdade, justiça, caridade e liberdade.

~~~ Paulo VI (1963-1978) é famoso pelo seu discurso "Guerra Nunca Mais" dirigido à Assembléia Geral das Nações Unidas no dia 4 de outubro de 1965, durante a última sessão do Concílio Vaticano II. Como o bispo mais jovem presente àquela sessão, ainda me lembro como os bispos tiveram uma sensação vívida de que a história estava sendo feita quando o Santo Padre entrou no recinto do Concílio ao voltar ao Vaticano vindo de Nova York.

~~~ João Paulo II tem feito pronunciamentos repetidos, tem encontrado líderes governamentais, acadêmicos e pessoas comuns, e tem viajado a todos os quadrantes do globo como mensageiro da paz. Ele pôs à disposição os préstimos da Santa Sé para mediar e efetivamente impedir um conflito fronteiriço iminente entre a Argentina e o Chile. Quando Inglaterra e Argentina se enfrentaram por causa das Ilhas Malvinas, ele viajou aos dois países e falou do "absurdo e sempre injusto fenômeno

da guerra". Quando a Guerra do Golfo era uma ameaça, ele disse em sua Mensagem de Natal de 1990 que "a guerra é uma aventura sem volta". Em seu pronunciamento ao Corpo Diplomático credenciado junto à Santa Sé, em janeiro de 1991, ele afirmou que "a paz obtida com as armas apenas levaria à preparação de mais violência". João Paulo II tem apelado seguidamente à solidariedade para com o povo do Iraque, que sofre com o embargo decretado contra o país.

Ações pela Paz Promovidas por Católicos de Todo o Mundo

Talvez não ocupando as manchetes e a primeira página dos jornais, mas nem por isso menos importantes, são as ações pela paz promovidas por católicos de todo o mundo. Há fiéis leigos que trabalham em parlamentos, universidades, sindicatos e em outros foros menos conhecidos para construir a paz. Há movimentos católicos leigos que sacrificam tempo, pessoal e recursos para convencer grupos beligerantes a sentarem a uma mesa de conferência. Há médicos, enfermeiras e outros trabalhadores voluntários que arriscam a vida para socorrer refugiados, soldados feridos e populações próximas a áreas devastadas pela guerra. Todos esses são seres abençoados porque são pacificadores e serão chamados de filhos de Deus (cf. Mt 5:9).

Há bispos, como Gerardo Flores Reyes, de Vera Paz, Guatemala, que junto com o Núncio Apostólico ajudou a convencer o governo a se reunir com os guerrilheiros e com a minoria indígena e a propor a paz. Acredita-se que essa mediação da Igreja ajudou para o reconhecimento internacional da causa indígena e contribuiu indiretamente para a outorga do Prêmio

Nobel da Paz para Rigoberta Menchu. Na República de Benin, África Ocidental, a ação extraordinária do arcebispo Isidore de Souza ajudou a evitar uma guerra civil e preparou o caminho para uma solução democrática do conflito. A ação da Igreja Católica, como a intermediada pelo Cardeal Sin, de Manila, possibilitou uma transição pacífica do poder presidencial nas Filipinas em 1986 e 2001.

Como já mencionamos, não podemos subestimar o valor do testemunho que representam para a paz a vida de monges e freiras, irmãos e irmãs religiosos da Igreja Católica. Sem palavras, essas pessoas consagradas ensinam a nós todos os valores da simplicidade do modo de viver, do desapego dos bens materiais, do trabalho árduo e honesto, da disposição para partilhar e do amor ao próximo como irmãos e irmãs.

SÃO FRANCISCO DE ASSIS, HOMEM DE PAZ

São Francisco de Assis é um modelo cristão que nos mostra como testemunhar e promover a paz. São Francisco amava a paz. Ele a vivia e a pregava. Ele era contra a guerra, mesmo que o objetivo fosse recuperar os lugares onde Jesus vivera e morrera. Nisso Francisco foi contra a corrente predominante no seu tempo, tanto nas relações entre Assis e as cidades vizinhas como nas relações entre cristãos e muçulmanos de modo geral.

São Francisco não foi um pacifista superficial. Ele não estava em busca de um lema. Ele vivia o ensinamento cristão de Deus Criador e Pai de todos os homens, e de Jesus Salvador de todos e irmão de todos.

A paz, como já foi dito neste livro, é preciosa para as religiões. *Shalom, pax tecum, śāntih* e *Al-salam 'alaykum* são saudações habituais entre judeus, cristãos, hindus e muçulmanos. Não é de admirar que nos anseios da humanidade por promover uma cultura de paz neste terceiro milênio, São Francisco de Assis tenha um apelo especial para os seguidores de muitas religiões. Ele as ensina a se darem as mãos para se prepararem para um mundo mais tranqüilo. Essa mensagem, quando nela se acredita verdadeiramente e quando é autenticamente vivida, não pode senão atrair a atenção de místicos cristãos, de ascetas budistas, de sufis muçulmanos e de gurus indianos. Não é de surpreender que esse santo da Idade Média tenha tão grande relevância nos dias atuais para estimular iniciativas inter-religiosas pela paz.

DEZ

Necessidade da Liberdade Religiosa para a Paz

Não posso terminar estas reflexões sem dizer alguma coisa sobre a importância do respeito ao direito à liberdade religiosa na construção da paz. Esse respeito é tão crucial que, quando falta, quando é ignorado ou, pior ainda, quando é deliberadamente violado, fica muito difícil para os fiéis das várias religiões contribuírem para a paz nos modos até aqui considerados.

O Significado da Liberdade Religiosa

Para praticar a religião de uma maneira digna da pessoa humana, a liberdade é necessária. O ser humano precisa estar livre de coações exercidas por indivíduos, por grupos ou mesmo pela autoridade legitimamente constituída, local ou nacional, religiosa ou civil. A liberdade religiosa é um direito, uma exigência moral feita a outras pessoas e um clima necessário para colaboração com outros fiéis para formar uma sociedade harmoniosa.

"Essa liberdade", diz o Concílio Vaticano II, "consiste nisso: todos os homens devem ser imunes à coação, tanto por parte de pessoas particulares quanto de grupos sociais e de qualquer poder humano, de tal sorte que em assuntos religiosos a ninguém se obrigue a agir de maneira contrária às suas crenças, em particular ou em público, só ou associado a outros, dentro dos devidos limites" (*Dignitatis Humanae, 2*).

A liberdade religiosa compreende não apenas liberdade de consciência, mas também liberdade de viver, de professar e propagar a religião, sozinho ou com outras pessoas.

BASE PARA A LIBERDADE RELIGIOSA

A pessoa humana é criada à imagem e semelhança de Deus, é dotada de razão e de livre-arbítrio, e por isso tem o privilégio de assumir responsabilidade pessoal. A pessoa humana é por natureza impelida e moralmente compelida a procurar a verdade, sobretudo a verdade religiosa, a aderir à verdade quando esta é conhecida e a ordenar a vida pessoal segundo as exigências da verdade objetiva. Isso lhe confere uma elevada dignidade e uma grave responsabilidade.

Para poder corresponder a essas exigências, o homem precisa estar imune às coerções externas. O direito à liberdade religiosa fundamenta-se na dignidade da pessoa humana, como sabemos tanto pela razão como pela revelação divina (cf. Vaticano II, *Dignitatis Humanae*, 2); João Paulo II, *Alocução aos Diplomatas* 7, em 9 de janeiro de 1989, *in L'Osservatore Romano*, Edição Inglesa Semanal, 13 de fevereiro de 1989, p. 3).

Segue-se que, sendo o homem social por natureza, atos internos de religião exigem expressão externa. Essa expressão externa deve também gozar da mesma imunidade de coerção como os atos internos. Em si mesma, a expressão externa poderia ser individual. Mas como o homem é um ser social, ele procura viver a sua vida em associação com outros. Assim, em assuntos religiosos, a sua liberdade deve ser exercida no culto comum, com a possibilidade de formar associações religiosas e de permitir que as suas convicções de fé moldem a sua vida em sociedade. A religião não é apenas uma questão de foro íntimo, e por isso a liberdade de religião não pode ficar restrita ao domínio puramente pessoal.

Pluralidade, Tolerância, Aceitação e Colaboração Religiosas

Como a pluralidade religiosa é um fato neste nosso mundo, é necessário que as pessoas aprendam a tolerar os que têm convicções religiosas diferentes das suas, a aceitá-los e a estar prontas a trabalhar com eles na construção da paz.

O termo *tolerância religiosa* pode soar negativo quando parece sugerir que uma outra religião é uma espécie de mal a ser tolerado, ou cuja existência se permite com pesar e somente dentro de certos limites. Mas essa expressão pode receber uma conotação positiva, e muito mais aceitável, quando então significa respeito a outros credos religiosos, aceitação dos seus seguidores e disposição para trabalhar com eles. Aceitação não significa aprovação de tudo o que eles pregam ou fazem, mas sim recusa a impor uniformidade a todos em questões religiosas. Em outras palavras, estamos falando da liberdade que cada um deve ter em assuntos religiosos, em questões de consciência.

Mesmo no âmbito da família, o esforço para reduzir cada um dos seus membros ao anonimato de palitos numa caixa de fósforos não conseguirá formar um ambiente de paz e harmonia. Cada membro da família precisa ser aceito e respeitado pelo que é. O problema se torna mais sério numa sociedade de pluralismo religioso. O adepto que não é capaz, ou não está disposto a trabalhar com pessoas de uma convicção religiosa diferente da sua, é fundamentalmente imaturo. Todos conhecemos a história do rabino que ensinava a seus discípulos que não é quando sabemos distinguir um cachorro de uma ovelha, ou uma figueira de uma videira, que sabemos que estamos na luz e não mais nas trevas, mas quando podemos olhar no rosto dos outros e ter em nós luz suficiente para reconhecê-los como nossos irmãos.

O Respeito à Liberdade Religiosa é Necessário para a Paz

Onde há liberdade religiosa, há bases para satisfação, imparcialidade, justiça, paz, alívio de tensões, incentivo à cooperação, harmonia e unidade na diversidade. Quando os seguidores de uma religião são discriminados ou, pior ainda, perseguidos, desenvolve-se uma situação de intolerância, tensão, rivalidade, violência e possível guerra. Além disso, quando as religiões não vivem em aceitação mútua e harmonia, há boas razões para que indiferentes e ateus escarneçam da religião em geral e incriminem as religiões por muitos males da sociedade.

Se queremos paz, precisamos portanto respeitar outras pessoas em matéria religiosa. Como exigência essencial da dignidade de cada ser humano, a liberdade religiosa é uma pedra angular da estrutura dos direitos humanos. Como afirma João Paulo II: "O direito civil e social à liberdade religiosa, enquanto toca a esfera mais íntima do espírito, é um ponto de referência de outros direitos fundamentais e, de certo modo, se torna a medida deles" (*Mensagem para o Dia Mundial da Paz*, 1988, nº 1).

A liberdade religiosa é, portanto, um fator insubstituível para o bem dos indivíduos e de toda a sociedade na construção da paz. Com efeito, o papa João Paulo II declarou que "toda violação da liberdade religiosa, manifesta ou encoberta, produz um mal fundamental à causa da paz" (*Mensagem*, 1988, introdução).

Todos no mundo aceitam esse princípio da liberdade religiosa e o praticam? Não exatamente. O mundo seria um lugar muito mais feliz e tranquilo se todos respeitassem esse direito. Vejamos como alguns tentaram desrespeitá-lo, exagerá-lo para a direita ou para a esquerda, ou tornando-se extremistas ou violentos.

O Sonho de uma só Sociedade, uma só Religião

Há os que pensam que a melhor forma de promover a coesão social é ter somente uma religião em qualquer sociedade. Se por sociedade aqui entendemos uma família ou um mosteiro, não há o que objetar à idéia. Mas o que os defensores dessa posição entendem é uma nação, um país ou um Estado moderno independente ou um segmento específico dele. Se, por algum milagre, num Estado moderno, todos professassem livremente uma só religião, mas tendo cada cidadão liberdade total de mudar de credo quando quisesse, então não haveria problema de coesão social no que diz respeito à religião. Mas onde esse milagre acontece hoje em dia? E qual seria a situação dos imigrantes e dos visitantes?

O fato é que os defensores do "um só Estado, uma só religião" logo ficarão perplexos, porque, embora possa haver uma religião predominante numa determinada sociedade ou país, existem também outras religiões professadas por outros membros dessa mesma sociedade. A tentação da intolerância religiosa é muito fácil e forte. Os esforços para impor uma religião a todos podem então ser feitos diretamente pelo proselitismo, que usa a força e a pressão, ou indiretamente pela negação de certos direitos civis ou políticos. Ela pode levar a uma política de exclusão dos que não se adaptam. A identificação da lei religiosa com a lei civil pode facilmente asfixiar a liberdade religiosa. Alguns sintomas são difamação de outras religiões através dos meios de comunicação de massa ou de ensinamentos e pregações de caráter religioso, criação de estereótipos, redução de outros crentes à posição de cidadãos de classe inferior e tensão generalizada. Num determinado país, os extremistas chegaram a elaborar uma lista de palavras que outras religiões estavam proibidas de usar!

A tese de um só Estado, de uma só religião é defeituosa porque viola o princípio básico da liberdade de consciência e de religião, que é um direito fundamental da pessoa humana. Irreverentemente, ela ignora o fato de que a religião deve brotar da alma humana como uma resposta e uma oferta livres a Deus Criador. Tentativas concretas de impor uma religião a uma sociedade não produziram a paz e a harmonia desejadas, mas antes tensões, resistências e disposição ao martírio.

Atenção Exclusiva a Fatores Comuns às Religiões

Um enfoque totalmente diferente com relação às sociedades de pluralismo religioso é a visão dos que pensam que a melhor maneira de promover a harmonia social nessas sociedades é voltar-se unicamente ao que todas as religiões têm em comum. Eles acreditam que é possível separar alguns elementos comuns de todas as religiões existentes numa sociedade e trabalhar a partir desses elementos. Eles falam num código de conduta comum, em moralidade consensual e em padrões éticos adotados de comum acordo. De fato, essas pessoas não propõem que as religiões sejam extintas, mas consideram fanatismo e divisionismo falar de religiões particulares. Para elas, as crenças não são importantes. A posição politicamente correta é ser liberal com relação a todas e não ser subjugado por convicções ou crenças religiosas específicas.

Em resposta a isso, eu gostaria de dizer que é verdade que a filosofia natural ou a reta razão, sem nenhuma filiação religiosa específica, pode chegar a certas verdades da ordem moral ou ética que todos os seres humanos podem aceitar. Pensa-se na ética desenvolvida por Platão ou Aristóteles. Mas na prática, hoje, ver-se-á que os códigos que orientam as pessoas estão inseridos em contextos religiosos. Uma declaração geral ou vaga de normas éticas compactuadas não será capaz de sustentar as pessoas em momentos críticos da vida ou quando se defrontam com alguma tentação mais forte. Para essas crises, é necessária uma religião que ofereça uma cosmovisão e uma filosofia de vida completa. Esse é outro modo de dizer que normas éticas estão alicerçadas em sistemas de crenças e são alimentadas e fortalecidas por uma religião que também se sustenta a si mesma por celebrações rituais. A proposta de normas éticas não baseadas na religião não pode conduzir ninguém pela longa e rigorosa peregrinação da vida. De fato, ela recende a secularismo, que ignora ou marginaliza todas as religiões, ou pelo menos vê a religião como uma questão de foro pessoal e íntimo que não deve ser discutido em público.

Deve existir um meio para a coesão social que respeite o ser humano e o direito à liberdade de religião, que leve as religiões a sério e que, não obstante, ofereça uma fórmula dinâmica para promover a harmonia na sociedade.

Extremismo, Fanatismo e Fundamentalismo Religioso

Ao enfrentar, ou antes, ao se recusar a enfrentar o fato da pluralidade religiosa, algumas pessoas adotam uma posição mais radical. São os extremistas, os fanáticos e os fundamentalistas religiosos.

Eles sustentam que somente a religião deles deve existir em seu país ou Estado, com exclusão de todas as outras. Eles vão além e dão à sua religião uma interpretação ou expressão que consideram ser a forma original ou pura, sendo essa a única forma tida como legítima. Freqüentemente, não hesitam em usar a violência e em matar ou marginalizar seus concidadãos, e até membros mais moderados da sua comunidade religiosa, tudo com o objetivo de promover a própria convicção religiosa que professam. São por isso corretamente chamados de fanáticos, extremistas ou, menos corretamente, fundamentalistas religiosos. Digo "menos corretamente" porque na verdade não são bons e verdadeiros intérpretes da sua tradição religiosa.

O extremismo religioso é um equívoco. Não é correto tentar reprimir toda liberdade à diversidade religiosa. De qualquer modo, é uma aventura destinada ao fracasso. A religião deve ser proposta, não imposta. A religião deve brotar do coração humano como uma resposta livre ao apelo de um Deus reconhecido pela consciência em busca da verdade sobre o Criador.

A Igreja Católica, no documento *Dignitatis Humanae* já citado, insiste no direito da pessoa humana à liberdade religiosa. Por mais que os católicos possam querer que outros participem da sua fé, o Direito Canônico diz expressamente: "Não é lícito que alguém force outros a abraçarem a fé católica contra sua consciência" (Cânon 748, 2).

O Alcorão salienta que não há obrigação de crer e que a fé forçada não é fé verdadeira: "Não há imposição quanto à religião" (Alcorão 2, 256). "Poderias [ó Mohammad] compelir os humanos a que fossem fiéis?" (Alcorão 10, 99).

O Secretário-Geral das Nações Unidas, Kofi Annan, falando como já se mencionou, a um milhar de representantes religiosos no salão da assembléia das Nações Unidas em 19 de agosto de 2000, ressaltou a importância do respeito ao direito fundamental das pessoas à liberdade religiosa, ao culto, à construção de lugares de adoração, a escrever, publicar e ensinar, etc. Ele acrescentou: "Os Estados Membros das Nações Unidas inseriram essas liberdades em diversos documentos essenciais, e principalmente na Declaração Universal dos Direitos Humanos. Nos lugares em que governos e autoridades deixam de proteger essas liberdades, temos de imediato uma afronta e uma ameaça. Nos lugares onde as religiões e os seus seguidores são perseguidos, difamados, agredidos ou lhes é negado o devido julgamento, estamos todos diminuídos, nossas sociedades solapadas. Não deve haver lugar no século XXI para fanatismo e intolerância religiosa."

Não é difícil ver que o fanatismo religioso causa tensão, sofrimento desnecessário e violência. Quer o fanático religioso seja movido por boa-fé ou por más intenções, a justiça e a paz ficam prejudicadas. Líderes religiosos previdentes e estadistas sensatos são necessários para convencer as pessoas que a liberdade religiosa é um dos direitos humanos mais prezados e é indispensável para a paz. A educação para a paz deve prestar muita atenção a essa forma básica de observância da Regra de Ouro e da prática da religião autêntica.

RECIPROCIDADE

Como observamos anteriormente, o direito à liberdade religiosa fundamenta-se na dignidade da pessoa humana enquanto criada por Deus. O exercício desse direito não deve, portanto, ter fronteiras territoriais. Ele se aplica onde quer que haja um ser humano. Conseqüentemente, os seguidores da religião predominante num país não devem negar às minorias religiosas conterrâneas a mesma liberdade religiosa que reclamam para os seus correligionários em outros países onde são minoria. É isso que se entende por reciprocidade.

Para construir a paz, precisamos aceitar e praticar a reciprocidade. Entendida no sentido negativo, reciprocidade pode significar vingança ou vendeta, um tipo de "olho por olho" religioso. Ela se reflete na atitude: Se você der liberdade à minha religião no seu país, eu darei liberdade à sua religião no meu. Se você falar ou escrever contra nós, nós pagaremos com a mesma moeda. Se vocês assassinarem algum dos nossos confrades, nós mataremos alguns dos vossos. Essa atitude é inaceitável. Ela é indigna de quem quer que acredite em Deus. Lembremo-nos de que Deus faz chover sobre o solo dos justos e dos injustos. Para um cristão de modo particular, o ensinamento de Jesus Cristo é claro: "Não resistais ao homem mau; antes, àquele que te fere na face direita oferece-lhe também a esquerda" (Mt 5:39). Em outras palavras, Cristo ensina que não devemos pagar o mal com o mal.

Tomada no sentido positivo, a reciprocidade equivale ao apelo pela observância da Lei de Ouro: Tratar os outros como queremos que eles nos tratem. Se quer que a sua religião tenha lugares de culto num país onde predomina outra religião, você deve dar o mesmo direito às minorias religiosas no seu país. O mesmo se deve dizer com relação à pregação da própria religião e da aceitação de convertidos de outras. Uma condição necessária é que todo proselitismo deve ser evitado, ou seja, que os meios adotados para atrair convertidos seja digno, verdadeiro, honesto e tenha respeito pela dignidade e liberdade humanas.

Em 21 de junho de 1995, dia da inauguração da primeira mesquita em Roma, João Paulo II, na audiência geral, falou da necessidade da reciprocidade. "Uma grande mesquita está sendo inaugurada em Roma hoje. Esse evento é um sinal eloqüente da liberdade religiosa reconhecida aqui para todo crente. E é significativo que em Roma, centro do Cristianismo e Sede do Sucessor de Pedro, os muçulmanos devam ter o seu próprio lugar de culto, com total respeito pela sua liberdade de consciência. Numa ocasião importante como essa, infelizmente é preciso dizer que em alguns países islâmicos não existem sinais semelhantes de reconhecimento da liberdade religiosa. No entanto, o mundo, no limiar do terceiro milênio, está esperando por esses sinais! A liberdade religiosa já faz parte de muitos documentos internacionais e é um dos pilares da sociedade contemporânea" (in *L'Osservatore Romano*, Edição Inglesa Semanal, 28/06/1995, p. 2).

Respeito pela Identidade Religiosa

O respeito pela identidade religiosa de outros crentes deve andar a par com iniciativas de ação conjunta para promover a paz. Esse apelo à colaboração inter-religiosa pela paz não deve ser mal-entendido ou mal-interpretado como significando apoio à criação de mais religiões. Não se sugere um supermercado de religiões. Já temos religiões demais. Para complicar ainda mais a situação, existem seitas e pseudo-religiões ou grupos esotéricos que estão fazendo de tudo para serem reconhecidos em igualdade de condições com religiões históricas. Todavia, embora pudesse ser muito bonito se houvesse uma única religião apenas, não devemos negar a nenhum ser humano o exercício do direito à liberdade religiosa, dentro dos devidos limites (cf. Vaticano II, *Dignitatis Humanae*, 2).

A defesa da colaboração inter-religiosa, por outro lado, não tem por objetivo suprimir a identidade de nenhuma religião. Não é um esforço no sentido de convencer as várias religiões a jogarem suas crenças, ritos e códigos morais num cadinho para preparar um produto sincrético, uma religião de qualidade inferior. Uma religião assim seria uma religião de ninguém. Concebida para adaptar-se a todos, ela não poderia oferecer a ninguém uma filosofia de vida dinâmica e satisfatória, um roteiro espiritual suficientemente claro. Ela não seria proveitosa a ninguém num momento de grande crise moral.

A cooperação inter-religiosa supõe que os participantes pertençam a uma religião com identidade definida. Para isso, essa religião deve ter um corpo de crenças claro, rituais e um código de conduta. Ela deve oferecer a seus fiéis uma visão unificada da vida e apresentar uma síntese vital dos detalhes que compõem a vida diária de uma pessoa. O Concílio Vaticano II, por exemplo, diz aos católicos que não deve haver falsa oposição, mas sim unidade, entre as suas atividades profissionais e sociais, por um lado, e a sua vida religiosa, por outro. "No desempenho de todas as suas atividades terrestres", ele insiste, "eles podem assim unir os esforços humanos, domésticos, profissionais, científicos ou técnicos numa síntese vital com os valores religiosos, sob cuja altíssima direção todas as coisas são coordenadas para a glória de Deus" (*Gaudium et Spes*, 43). Em suma, a religião não é uma roupa especial que se veste por uma hora num domingo de manhã. É uma vida que vivemos vinte e quatro horas por dia, nos sete dias da semana.

Só uma pessoa tranquila e profundamente firme numa religião pode trabalhar adequadamente com outros crentes para promover a paz.

O Direito de Propagar a Própria Religião, mas por Meios Lícitos

Como se disse acima, o direito à liberdade religiosa inclui o direito de divulgar a própria religião a outras pessoas. Tanto indivíduos quanto entidades religiosas têm esse direito de partilhar o seu modo de vida com outros que livremente o aceitem. Os cristãos dão a esse partilhar o nome de evangelização, a apresentação da proposta da Boa Nova de Jesus Cristo a outras pessoas, pregando Jesus Cristo e oferecendo aos outros a oportunidade de receber o Evangelho. Para os que ouvem livremente, esse é um direito que lhes cabe. Para o cristão, partilhar a fé não é apenas um direito, mas um dever.

É portanto inaceitável que algumas pessoas se oponham ao direito dos cristãos, ou dos seguidores de outros credos, de propor a própria religião a quem livremente a queira receber. Essa atitude deve ser interpretada como fanatismo ou fundamentalismo religioso, devendo ser rejeitada. Ela se opõe ao direito do indivíduo à liberdade religiosa, como também reconheceu a Organização das Nações Unidas no parágrafo 18 da Declaração Universal dos Direitos Humanos de 1948.

Ao mesmo tempo, devemos repetir o que foi dito anteriormente neste livro: ao propor a própria religião a outro, os métodos usados devem estar de acordo com a justiça e a verdade; devem respeitar a liberdade e a dignidade das pessoas e os direitos de outras denominações religiosas. Como diz o Concílio Vaticano II: "Na difusão, porém, da fé religiosa e na introdução de costumes, sempre se há de abster de qualquer tipo de ação que possa ter sabor de coibição ou de persuasão desonesta ou menos correta, sobretudo se se trata de gente rude ou necessitada. Esse modo de agir deve ser considerado como abuso do direito próprio e lesão do direito alheio" (*Dignitatis Humanae*, 4).

De fato, contradiz a natureza da religião e da verdade usar a coação ou ardis para convencer pessoas a mudarem as suas convicções. "A verdade não se impõe senão pela força da própria verdade, que penetra de modo suave e ao mesmo tempo forte nas mentes" (*op. cit.*, 1).

Proselitismo é o esforço de convencer uma pessoa a abraçar uma religião por métodos que ferem a dignidade humana ou que exploram a fraqueza ou a situação difícil dessa pessoa. Exemplos desse modo de agir seria tentar "converter" uma pessoa a uma religião pela força ou pressão, seja essa pressão física, psicológica, política, econômica ou qualquer outra. Também é proselitismo induzir uma pessoa a aderir a uma religião com a promessa de dar-lhe uma bolsa de estudos, uma oportunidade de emprego, uma promoção ou simplesmente alimento ou dinheiro. Isso está errado porque não respeita a dignidade e a liberdade dadas por Deus à pessoa humana. A unidade religiosa alcançada por meio da força, da pressão e da astúcia não é digna da humanidade nem do Deus Todo-poderoso. A verdadeira religião deve ser uma resposta livre da alma humana a Deus.

É evidente que o proselitismo desrespeita a dignidade e a liberdade humanas e por isso não conduz à harmonia e à paz. Por outro lado, a apresentação da própria religião a outros num clima de liberdade e respeito não apenas não se opõe à paz, mas antes é uma dimensão daquela liberdade, tranqüilidade e possibilidade de escolha que são necessárias para uma paz digna e duradoura.

A Responsabilidade das Autoridades Públicas

Não é suficiente que todos concordem que a pessoa, ou um grupo de pessoas, tem direito à liberdade religiosa. Providências devem ser tomadas para que esse direito possa ser exercido. E aqui as autoridades públicas têm um dever a cumprir.

As autoridades públicas devem facilitar e garantir o direito dos cidadãos — pessoas ou grupos de pessoas — à liberdade religiosa. Elas devem protegê-los e incentivá-los a colaborarem com cidadãos de convicções religiosas diferentes para o desenvolvimento do seu país. As autoridades públicas devem promover a justiça, a imparcialidade e a paz e, assim, ajudar a reduzir ou eliminar tensões, discriminações, intolerâncias e perseguições religiosas.

Em 12 de janeiro de 1993, o Conselho Europeu, num Relatório sobre a Tolerância Religiosa nas Sociedades Democráticas, recomendou sabiamente que "o Estado secular não deve impor nenhuma obrigação religiosa aos seus cidadãos. Ele também deve estimular o respeito a todas as comunidades religiosas reconhecidas e promovê-las nas relações que mantêm com a sociedade como um todo" (cf. UNESCO, *Istanbul Symposium Working Document*, 1995, p. 128). Considerando que em alguns países as pessoas dificultam ou quase impossibilitam o exercício do direito à liberdade religiosa, os governos desses países precisam ser pressionados a melhorar seus índices de desempenho e a facilitar a harmonia.

Sem dúvida, os governos são competentes com relação a questões que dizem respeito ao bem comum, como leis justas, impostos, justiça e paz entre os cidadãos e harmonia social em geral. Mas em matéria puramente religiosa, as autoridades públicas não têm competência. Os líderes religiosos não devem permitir que a religião seja usada ou manipulada por políticos. A religião deve gozar da necessária liberdade para se concentrar em suas crenças, rituais e em normas de conduta. Deus está no centro de toda religião autêntica. Políticos e governos devem ser imparciais com relação a todas as religiões. Os líderes religiosos que sucumbem à tentação de deixar que um partido político transforme a sua religião em simples instrumento terão de refletir sobre as conseqüências negativas dessa atitude, entre as quais a probabilidade de que a religião venha a se tornar uma viúva desprezada quando o partido em questão não estiver mais no poder. Seria oportuno que líderes religiosos e políticos se reunissem de quando em quando para discutir essas questões.

Quem quer que reflita sobre esse assunto perceberá como o devido respeito pelas competências é importante para a harmonia e a paz na sociedade.

A Humanidade Evoluiu nessa Compreensão

A humanidade percorreu um longo caminho através da história no que se refere à compreensão do direito da pessoa humana à liberdade religiosa e à importância dessa compreensão para a harmonia e a paz social. Mesmo o consagrado documento do Concílio Vaticano II sobre esse direito, *Dignitatis Humanae*, citado várias vezes neste livro, não foi um produto inesperado. Ele surgiu como resultado de uma lenta maturação que veio acontecendo na Igreja Católica. Esse amadurecimento vem se processando desde o instante em que o seu divino Fundador, Jesus Cristo, manso e humilde de coração (cf. Mt. 11:29), apresentou a sua Boa Nova de Salvação aos homens sem usar a força (cf. Mc 16:16; Mt 11:28–30; Jo 6:67–68), até o tempo em que a fé católica passou a predominar e um herege era considerado um cidadão perigoso pela Inquisição, daí passando pelo período da Revolução Francesa e pelo desafio do iluminismo e do racionalismo, e convergindo até a postura mais equilibrada das modernas sociedades democráticas. A *Dignitatis Humanae* é saudada como o resultado de um desenvolvimento saudável da doutrina. São Vicente de Lerins comparou esse desenvolvimento ao crescimento humano, em que "os pequenos membros da criança de peito e os membros desenvolvidos do adulto são os mesmos membros". Assim, diz o santo, "deveria haver um grande progresso na compreensão da verdade da revelação com o passar dos tempos e dos séculos, mas sempre dentro do seu próprio projeto de desenvolvimento, isto é, com a mesma doutrina, o mesmo significado e a mesma importância" (São Vicente de Lerins, *The Development of Doctrine*, Cap. 23, in PL 50, 667–668).

Seria uma bênção para a sociedade se cada religião também evoluísse na compreensão da importância de deixar cada pessoa e cada comunidade livre em matéria religiosa. Essa atitude seria uma enorme contribuição das religiões do mundo para a construção de uma sociedade mais harmoniosa e pacífica.

ONZE

Promoção da Paz: Tarefa de Todos

No momento em que concluímos estas reflexões, fortalece-se em nós a convicção de que as religiões do mundo têm uma função insubstituível a exercer na construção daquela tão desejada catedral chamada paz, e também na manutenção dessa estrutura.

Não há, porém, nem desejo nem vontade de exagerar. Não estou sugerindo que a cooperação entre as religiões seja suficiente para a promoção da paz. A tarefa da construção da paz é muito mais complexa e exigente para ser empreendida apenas pelas religiões.

Para uma paz justa e permanente precisamos também de desenvolvimento em todos os setores da atividade humana, especialmente na agricultura, na saúde e na educação. Um mínimo de bem-estar econômico é necessário. A distância crescente entre ricos e pobres, sejam indivíduos ou países, deve ser encurtada. É preciso haver aperfeiçoamentos em termos de comércio para os países menos favorecidos. A dívida internacional dos países, com as devidas salvaguardas, deveria ser parcial ou totalmente cancelada. Mais atenção deve ser dada à manutenção do equilíbrio ecológico. Um controle muito mais estrito da produção e do comércio de armas é urgente.

A vontade política necessária para a paz também precisa ser estimulada. Em cada época devem surgir homens de Estado sensatos capazes de inspirar seus órgãos governamentais a definirem para as políticas dos seus países prioridades mais realistas e orientadas para a paz. Alguns países em desenvolvimento precisam de maior estabilidade política. Negociações entre governos devem sempre ter em vista o bem comum. O papel da Organização das Nações Unidas em assegurar e insistir a favor da paz no mundo deve ser cada vez mais valorizado.

A lista dos ingredientes para a paz poderia continuar indefinidamente. Mas não é necessário. É claro que as religiões do mundo não podem agir sozinhas. De qualquer modo, elas não têm competência em matéria puramente política ou econômica. Por isso, é essencial a cooperação de todos.

Também é verdade, porém, que em todos os requisitos para a paz que acabaram de ser relacionados, são sempre seres humanos que precisam agir. E a religião pode motivar esses seres humanos a cumprir da melhor maneira possível os seus deveres como cidadãos e como construtores da paz. As religiões, portanto, têm um papel a desempenhar. Elas oferecem os princípios e as forças morais e espirituais sem os quais os que se empenham em construir a cidade terrena da paz não agiriam em seu potencial máximo.

Mostrar-se-ão as religiões à altura da situação hoje e amanhã? Essa é a nossa prece. Essa é a nossa esperança.